OBSERVATIONS

A

MESSIEURS DE LA COUR ROYALE D'AIX.

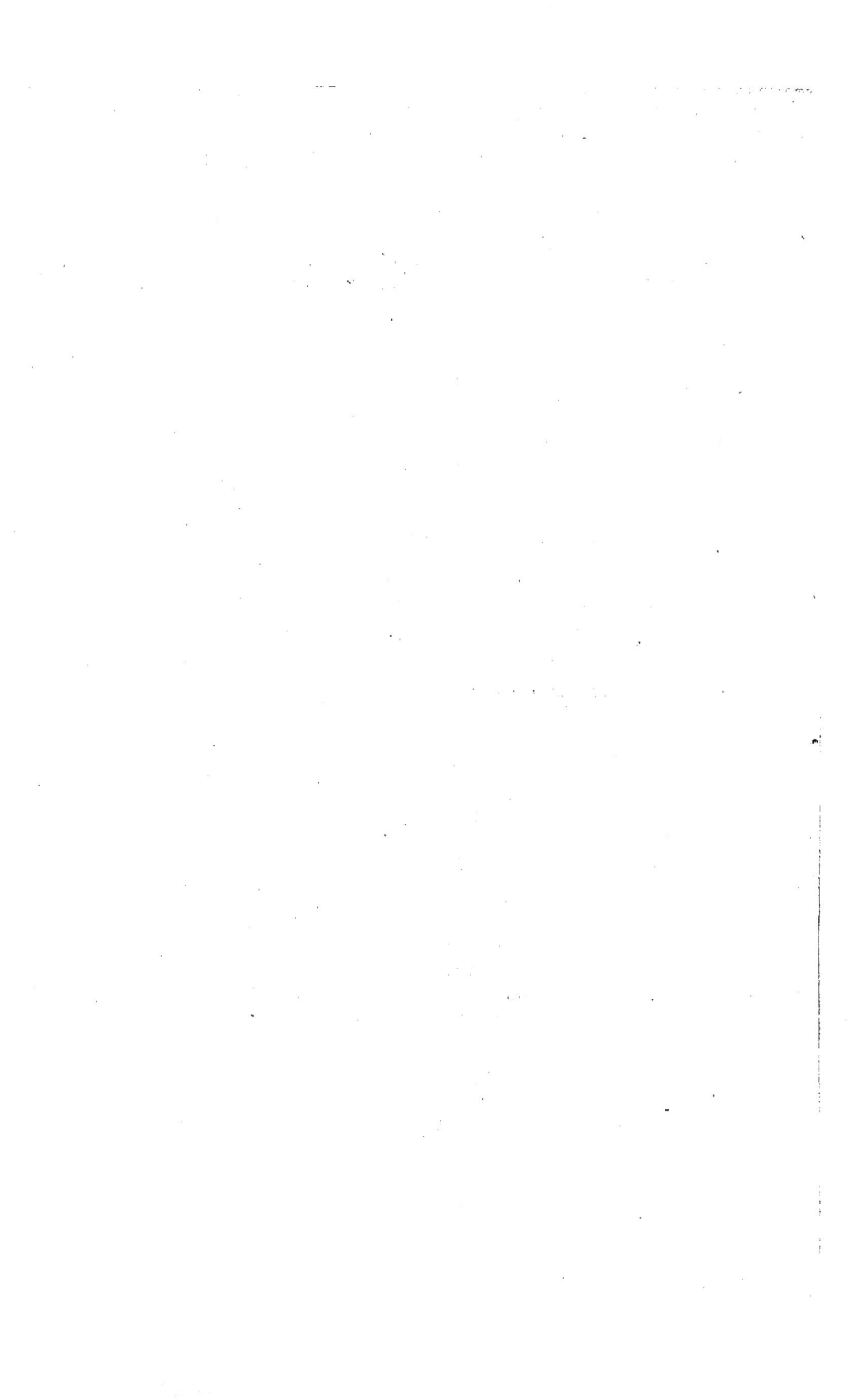

OBSERVATIONS

A MESSIEURS DE LA COUR ROYALE D'AIX

COMPOSANT LA CHAMBRE DES MISES EN ACCUSATION,

PRÉSENTÉES DANS L'INTÉRÊT

DE

MM. George ZAHARA, Capitaine,

Antoine de FERRARI, Subrécargue ou Directeur,

François BRÉLAZ, Machiniste,

Jean-Baptiste RATTO, Valet de chambre,

DU BATEAU A VAPEUR *Carlo-Alberto*;

et Joseph MAZZARINI, Passager sur ce même bateau;

TOUS SUJETS SARDES;

PRÉVENUS

DE COMPLOT CONTRE LE GOUVERNEMENT FRANÇAIS.

MARSEILLE,

IMPRIMERIE DE MARIUS OLIVE,

SUR LE COURS, N° 4.

1832.

OBSERVATIONS

A MESSIEURS DE LA COUR ROYALE D'AIX

[illegible]

[illegible]

PAR

MM. Georges ZAHARA, Capitaine,

[illegible] FERRARI, Subrécargue ou Directeur,

François BRELAZ, Machiniste,

Jean-Baptiste RATTO, Valet de chambre,

[illegible]

et Joseph MAZZARINI, [illegible]

[illegible]

PRÉVENUS

DE COMPLOT CONTRE LE GOUVERNEMENT FRANÇAIS.

MARSEILLE,
IMPRIMERIE DE MARIUS OLIVE,
RUE DU COURS, N° 4.
1832.

OBSERVATIONS

A MESSIEURS DE LA COUR ROYALE D'AIX,

composant la Chambre des mises en accusation,

PRÉSENTÉES

Dans l'intérêt de MM. GEORGE ZAHARA, capitaine, ANTOINE DE FERRARI, subrécargue ou directeur, FRANÇOIS BRÉLAZ, machiniste, JEAN-BAPTISTE RATTO, valet de chambre, du bateau à vapeur *Carlo-Alberto;* et JOSEPH MAZZARINI, passager sur ce même bateau; tous sujets sardes;

PRÉVENUS

DE COMPLOT CONTRE LE GOUVERNEMENT FRANÇAIS.

MESSIEURS,

DES hommes appartenant à une nation amie de la France ont été, en pleine paix, arrêtés comme des prisonniers de guerre; leur navire a été saisi; leurs personnes ont été jetées d'abord dans une prison militaire, ensuite dans une maison d'arrêt où ils gémissent encore. Soumis aux traitemens les plus durs, privés de la liberté, le premier de tous les biens, ils ont ignoré long-temps les motifs de ces rigueurs. Aucun acte émané d'une autorité légale n'est venu justifier, au moins en apparence, des procédés condamnés par le droit des gens; et lorsque, après plusieurs réclamations demeurées sans résultat pendant un grand nombre de jours, un mandat de dépôt leur a été signifié, ce n'est pas sans une immense surprise qu'ils s'y sont vus inculpés de complot contre le gouvernement.

Eux inculpés de complot! La prévention assurément ne peut être sérieuse; mais si la chose au fond est dénuée de toute base, il faut convenir qu'elle est qualifiée d'un nom véritablement terrible.

Au seul mot de complot, toutes les opinions qui divisent si malheureusement la société s'éveillent, les passions s'exaltent, la politique entre en méfiance et croit découvrir déjà des ennemis.

Dès lors les actes sont considérés en raison des personnes, les intentions tiennent lieu des actes, les présomptions prennent la place des preuves. Les tribunaux entendent parler de *malveillance évidente*, de *conspirations générales*, de *ramifications à l'infini*; et le sanctuaire des lois est troublé par les clameurs de l'esprit de parti.

Malheur à la justice si elle se laissait envahir par les influences mystérieuses de la politique! Tout contact avec elle serait la mort de son indépendance.

Heureusement il ne saurait en être ainsi. La justice est essentiellement impassible; elle ignore les opinions pour ne s'occuper que des actes; ce n'est que dans la loi et nulle autre part qu'elle va puiser ses arrêts. Rien de ce qui est prévention ne pénètre dans sa conscience, et c'est pour ne rien voir de cela qu'elle porte un bandeau sur ses yeux.

Convaincus que telle est la disposition de l'esprit de la Cour, les prévenus qui ont l'honneur de s'adresser à elle s'empressent de soumettre à son examen toutes les circonstances de leur affaire.

Voici d'abord quel est le fait:

Le *Carlo-Alberto*, bateau à vapeur sarde, faisait habituellement les voyages de Nice à Gênes, de Gênes à Livourne.

Parti de Gênes le 21 avril 1832, arrivé à Livourne le lendemain, une occasion lui fut offerte de pousser jusqu'en Espagne.

M. Serra, courtier commanditaire du bateau à Livourne, s'entremit pour le noliser à cet effet. La proposition était avantageuse; elle fut acceptée.

Le traité eut lieu pour compte de M. le duc d'Almazan et de sa suite au prix de 1,200 piastres, à la destination de Barcelonne.

Par suite des arrangemens intervenus entre M. le duc d'Almazan et M. Serra, le nombre des passagers s'élevait à quatorze. A cela il faut joindre dix-neuf hommes d'équipage, parmi lesquels George Zahara, capitaine du paquebot, Antoine de Ferrari, subrécargue ou directeur, François Brélaz, machiniste, et Jean-Baptiste Ratto, valet de chambre; et l'on aura le relevé exact des personnes qui devaient faire le voyage, à l'exception de Joseph Mazzarini qui s'est trouvé dans une position particulière.

Ce dernier, négociant à Gênes où il servait de courtier à l'administration du bateau à vapeur, était parti de ce port le 21 avril et était arrivé le 22 à Livourne sur le *Carlo-Alberto*, porté sur le rôle d'équipage pendant le cours de cette navigation, à cause de la nature de ses rapports avec l'administration du paquebot. Son projet était de retourner à Gênes par le bateau à vapeur, ne prévoyant pas qu'il dût aller de Livourne à Barcelonne; et il s'était fait maintenir par ce motif sur le rôle d'équipage. Ses affaires furent cause qu'après avoir séjourné à Livourne deux jours, il fut obligé d'aller à Pise le 24. C'était le même jour, dans la soirée, que le *Carlo-Alberto* devait prendre la mer.

Comme il ne retournait point, on crut qu'il ne devait plus partir, et on avait déjà effacé son nom sur le rôle de l'équipage, lorsqu'il arriva encore à temps pour gagner le bord dans un bateau. N'apprenant qu'alors la nouvelle destination du *Carlo-Alberto*, il réfléchit un moment ; il pensa que les portes de Livourne étaient fermées sur lui, qu'il pourrait utiliser sa course à Barcelonne en faisant une spéculation sur les safrans ; qu'au demeurant, reçu gratuitement à bord en sa qualité, alors même que son voyage n'aurait pour lui aucun résultat fructueux, ce serait toujours une promenade agréable ; et une fois lancé, il se détermina à aller jusqu'au bout.

Mais il était résulté de son arrivée qu'il n'avait plus été en mesure pour prendre un passeport ni pour se faire rétablir sur le rôle.

Nous n'avançons rien ici qui ne soit parfaitement constant. Le rôle d'équipage est entre les mains de la Cour ; elle peut s'assurer, en y jetant un regard, que le nom de Mazzarini s'y lit encore à travers les traits destinés à le faire disparaître.

Le *Carlo-Alberto* partit le 24 avril de Livourne, après les portes fermées du côté de la mer, quatre passagers, parmi lesquels deux dames, n'étant point encore rendus à bord.

Il était convenu que s'ils n'étaient point arrivés avant l'heure où les portes ferment, ils viendraient rejoindre à la plage : c'est ce qui fut fait. Le bâtiment s'arrêta quelques instans en face, l'on croit, de Via-Reggio ; les retardataires arrivèrent, et l'on repartit à la pointe du jour.

La navigation continua pendant toute la journée du 25 ; mais le 26, comme le navire était déjà en vue des côtes de Provence, le mauvais temps le força à rebrousser chemin et à se réfugier dans le port de Nice, où il parvint dans la matinée du 27.

Une grande partie du charbon qu'on avait pris en proportion de la durée présumée du voyage ayant été consommée pendant ces deux jours et demi de temps contraires sur lesquels on n'avait pas compté, on fit provision de bois dans le port de Nice que l'on quitta à une heure après minuit.

Quoiqu'un peu contrariée par le vent, la traversée fut assez heureuse jusqu'au 29. Ce jour-là et dans la nuit du 29 au 30 on éprouva un très gros temps, et le capitaine, qui connaissait peu ces parages, manifesta une inquiétude qui se répercuta d'une manière bien plus vive chez les passagers : plusieurs se croyaient en danger de périr. La tempête se calma cependant; mais une avarie se déclara à la chaudière, et l'on craignait à tout moment que la machine ne s'arrêtât.

Ce fut dans ce moment qu'une barque, qu'on supposa catalane, ayant été aperçue à peu de distance, on la héla à la sollicitation de quelques-uns des passagers, et sept d'entre eux les plus effrayés s'y jetèrent pour gagner la côte.

Le directeur du navire fit quelques difficultés pour les laisser débarquer; mais l'état fâcheux dans lequel plusieurs se trouvaient par suite du mal de mer et leur sollicitude morale, l'observation qui lui fut faite d'ailleurs qu'au port le plus prochain il régulariserait cet acte en en faisant la déclaration, le déterminèrent à céder.

On se trouvait alors à la hauteur du cap Creux.

Le manque de combustible d'un côté, et de l'autre, l'avarie de la chaudière ne permettaient plus de tenir la mer.

On décida de relâcher à Roses, et l'on y entra le 30 avril dans l'après-midi.

Là on apprit qu'une quarantaine de trois semaines venait d'être établie à Barcelonne pour toutes les provenances d'Italie, et qu'à Roses aucun navire ne pouvait espérer d'être admis à la libre pratique. Y compris le temps de se ravitailler et d'arriver au terme, c'était presque un mois qu'il fallait encore attendre : ce délai parut beaucoup trop long aux voyageurs.

M. le duc d'Almazan, ayant trouvé le moyen de faire passer des papiers importans pour ses affaires par une autorité espagnole, après s'être mis d'accord avec ceux des passagers qui restaient encore sur le navire, proposa au directeur de rompre le voyage commencé et de retourner à Nice.

Le directeur y consentit, et un nouvel accord intervint verbalement, dont les bases étaient à peu près les mêmes que celles du premier traité, par lequel le nolis fut fixé à une somme de cinq cents piastres.

On fit mastiquer la fissure qui s'était manifestée à la chaudière aussi bien que l'état de quarantaine dans lequel on se trouvait put le permettre; on fit de nouveau provision de bois, faute de charbon, puis on reprit la route de Nice dans la matinée du 2 mai.

Les papiers du bord avaient été révisés pour cette destination, ainsi que les passeports des voyageurs.

La première journée se passa assez bien; mais les avaries de la chaudière retardèrent peu à peu la marche du navire, qui n'avança presque point pendant la nuit. Vers les six heures du matin, Planier se montra à la gauche du *Carlo-Alberto*.

Alors un gendarme de la marine se détacha dans une petite barque pour venir reconnaître le bateau à vapeur. Après qu'il eut demandé le nom du bâtiment et que l'on se fut informé de lui si le choléra-morbus régnait dans ces parages, le bâtiment continua sa navigation. Cependant le vent contraire, la mer orageuse, le défaut de charbon qui n'était point suppléé par le bois au moyen duquel on ne pouvait obtenir assez de vapeur pour faire agir la machine, la fissure de la chaudière devenue tellement grande que l'eau en coulait avec abondance et éteignait le feu; tous ces obstacles insurmontables obligèrent l'équipage à s'arrêter en vue de La Ciotat vers deux heures de l'après-midi.

On jeta l'ancre dans la rade, conduit par un bateau-pilote qu'on avait rencontré, et qui, sur la demande du capitaine, avait répondu qu'on trouverait là, sans prendre l'entrée, du charbon et tout ce qu'il fallait pour raccommoder la chaudière.

Elle en avait un grand besoin ; elle s'était tellement ouverte qu'elle ne pouvait plus retenir l'eau, et, lorsqu'elle fut refroidie, un examen attentif prouva qu'il faudrait y faire des réparations majeures qui dureraient au moins 24 heures.

Le capitaine et le directeur se rendirent à la santé : ils déclarèrent venir de Roses en Espagne, se rendre à Nice et ne s'être arrêtés que pour cause de relâche forcée, avec le projet de ne rester que le temps nécessaire pour réparer leurs avaries. Ils demandèrent en outre à voir leur consul, afin d'obtenir par son intermédiaire les secours qui leur étaient indispensables.

Rien n'égale l'accueil empressé qu'on leur fit : l'officier de santé leur proposa de prendre la libre pratique, en leur faisant observer qu'il leur serait ainsi plus facile de recevoir du charbon, et à moins de frais. Qui eût pu soupçonner que cette bienveillance était un piége infâme tendu à des navigateurs malheureux, et qu'on se ferait un jour, à la face de la France, un horrible honneur d'avoir trompé leur bonne foi?

Le capitaine et le directeur refusèrent d'abord pour ne pas payer des droits de port fixés à 5 francs par tonneau, ce qui faisait pour le bateau à vapeur, d'une portée de 128, une somme de six cent quarante francs.

Mais sur ces entrefaites survinrent l'inspecteur des douanes et le maire, qui insistèrent de plus fort auprès du directeur et du capitaine pour qu'ils prissent la libre pratique, et qui allèrent, pour les y engager, jusqu'à leur dire qu'ils ne paieraient qu'un simple droit de trois francs par passager.

Il n'y avait rien à répliquer à tant de courtoisie ; aussi, pour y répondre de leur mieux, le capitaine et le directeur allèrent chercher à bord leurs expéditions, afin de remplir les formalités préalables pour leur entrée.

A leur retour à terre, ils furent suivis par un des passagers qui se rendit à la mairie dans l'objet de faire viser son passeport, déterminé qu'il était à suivre son voyage par terre. Cela lui fut accordé sans peine.

Après avoir fait son manifeste à la douane, le directeur se rendit, d'après l'avis de son consul, chez le maire, qui lui fit les offres les plus obligeantes, voulut bien lui procurer un homme de l'art pour raccommoder la chaudière conjointement avec le machiniste, et s'efforça de lui persuader d'entrer avec le bateau dans le port.

Cette dernière proposition ne pouvait être acceptée en l'état de la résolution prise par l'équipage de se remettre en route le surlendemain, décidé surtout par cette considération que, nonobstant ce qu'on leur avait fait espérer, il leur avait été impossible de se procurer du bon charbon, à quel prix que ce fût.

Vers les 6 heures de l'après-midi, les employés de la douane se rendirent à bord pour vérifier l'exactitude du manifeste; et cette vérification faite, ils le rendirent au consul sarde afin qu'il pût préparer les expéditions.

Remarquons ici que, comme on a bien voulu le dire, s'il y eût eu dans le *Carlo-Alberto* des chiffres de Henri v, des tentures fleurdelisées, des armes et des millions, tout cela n'eût pu échapper à l'investigation de la douane. A-t-elle vu cependant rien de semblable?

Il n'y avait à bord que 24 fusils, 4 pistolets, 5 sabres et 120 livres de poudre, pour servir à la défense du navire dans un cas extraordinaire, et embarqués par une précaution commune à tous les bâtimens; encore le capitaine avait-il jugé convenable de les porter sur son manifeste.

Le *Carlo-Alberto* était si peu armé qu'il n'avait pas même de petits canons tels qu'on en voit ordinairement sur les autres paquebots.

Quant à de l'argent, on n'a trouvé, après toutes les recherches possibles, qu'une somme de 20,000 francs que de Ferrari a déclaré lui avoir été consignée par M. Gaetano de Andréis, négociant à Gênes, pour la tenir à sa disposition ou à celle du propriétaire du navire.

Ne voilà-t-il pas de quoi s'étonner, de quoi crier à la guerre civile et au complot?

Et qu'on ne dise pas que si l'on n'a rien trouvé, c'est parce qu'on a brûlé ou jeté à l'eau tout ce qui pouvait être suspect.

Comment aurait-on pu le faire? On s'est trouvé dès les premiers momens sous les yeux de la douane, et quand les préposés de cette administration se retiraient, déjà le bateau à vapeur de l'état *le Sphinx* arrivait à toutes voiles, toutes les lunettes braquées sur le pont du *Carlo-Alberto*.

L'administration, d'ailleurs, ainsi que l'ont annoncé *le Garde National* et *le Sémaphore* de Marseille dans le courant de juin, a fait faire des fouilles dans la mer pour reconnaître si l'on avait jeté des caisses d'armes; et ses recherches n'ayant amené aucun résultat, il devient certain pour tout le monde que rien de pareil n'a existé.

Pendant que la douane visitait le navire, le directeur, ayant achevé ce qu'il avait à faire à terre, regagnait le bord en compagnie du passager qui l'avait suivi et qui venait débarquer ses hardes et prendre congé des autres passagers; et en effet, cela terminé, il partit accompagné d'un autre passager, qui déclara vouloir descendre à terre pour aller voir la ville.

C'est à cet instant que parut *le Sphinx*.

Deux officiers, s'étant jetés dans une embarcation, vinrent à bord du *Carlo-Alberto*.

Il était jour encore : personne ne songeait à se cacher; les passagers étaient à table sur le pont, et la dame qui voyageait sous le nom de *Rosa Staglieno* dînait avec eux.

Les deux officiers du *Sphinx* se présentèrent en faisant offre de services, demandèrent et effectuèrent la visite du bâtiment, et engagèrent le capitaine et le directeur à se rendre à leur bord avec leurs papiers.

L'un d'eux conduisit le capitaine et le directeur.

L'autre, le lieutenant Lautier, qui était demeuré, voyait tout ce qui se passait sur le *Carlo-Alberto* : il ne fit aucune question ; on lui offrit un verre de vin; il visita tout et resta constamment à bord jusqu'au moment où le lieutenant Pochet revint avec une garnison.

Le commandant Sarlat déclarait, de son côté, au capitaine et au directeur qu'il avait découvert une irrégularité dans les expéditions, qu'il était dans le cas de les conduire à Toulon, et que là on leur donnerait les moyens de pouvoir suivre leur destination.

Le *Carlo-Alberto* fut remorqué pendant la nuit, occupé militairement à l'avant et à l'arrière, et à l'aube on était en rade de Toulon.

Les explications données par *le Sphinx* n'ayant rien d'hostile, Toulon se trouvant sur la route de Nice, on s'était abandonné à sa direction, et tout le monde s'était couché comme à l'ordinaire.

Personne ne parut dans la matinée ; mais vers les onze heures, M. Sarlat demanda à voir la dame qui se trouvait sur le *Carlo-Alberto* : il fut introduit, ne parla que de choses insignifiantes et se retira au bout de trois minutes.

Une heure après, on vit des préparatifs de départ.

Le directeur du *Carlo-Alberto* avait été emmené au bureau de la santé pour y déclarer de nouveau les événemens de sa navigation. Il crut comprendre qu'on avait envie de se débarrasser au plus tôt de la présence de son navire; et comme on lui disait qu'il n'aurait pas à se plaindre, il crut qu'on allait le remorquer à Nice. « C'est autant « de charbon épargné, » dit-il.

Interrogé là même si ce n'était pas la duchesse de Berry qu'il avait à bord, il répondit qu'il ne l'avait jamais connue; qu'il ne connaissait que des passeports ; qu'aucun de ceux appartenant à ses passagers ne portait ce nom-là, et que tout étant d'ailleurs en règle, il n'avait point à demander ni rechercher autre chose.

Au reste, ayant demandé à voir son consul, on ne le lui permit point.

On partit, le *Carlo-Alberto* toujours occupé militairement, toujours allant à la remorque du *Sphinx*, et ne sachant où.

Le 5 mai au matin, on entra dans la rade d'Ajaccio.

Dès qu'on eut reconnu les lieux, toutes les personnes qui se trouvaient à bord du *Carlo-Alberto* furent confirmées dans l'idée qu'ils étaient l'objet d'un acte de violence, et qu'elles avaient été trompées jusque là.

A Ajaccio, nouveaux interrogatoires devant le préfet.

Le capitaine et le directeur n'eurent que fort tard, et pour 24 heures seulement, la permission d'aller à terre ; ils en profitèrent pour réclamer par l'organe du consul de leur nation.

M. le duc d'Almazan et sa suite protestèrent de leur côté, mais tout fut inutile : prétextant d'ordres supérieurs, l'autorité locale ne voulut rien entendre.

Les mécaniciens des paquebots de l'état *le Sphinx* et *le Nageur* s'étant assemblés pour consulter sur l'état de la chaudière du *Carlo-Alberto*, reconnurent qu'elle était hors de service.

Ils employèrent trois jours entiers à la réparer sans pouvoir rien faire de complet.

Actuellement encore elle est dans une mauvaise situation.

Bientôt la gendarmerie vint contraindre les passagers qui se trouvaient sur le *Carlo-Alberto*, à l'exception de la dame connue sous le nom de Rosa Staglieno, de passer sur le bord du *Nageur*.

Ils partirent de Corse, et depuis l'équipage n'en a entendu parler qu'à Marseille.

Quant aux gens de l'équipage eux-mêmes, ils restèrent sur leur bord jusqu'au 12 mai, gardés par des gendarmes, sans pouvoir communiquer avec la terre, pas même avec leur consul.

Ce jour 12, le général, le préfet et le procureur du roi se présentèrent, firent enlever le pavillon sarde et s'emparèrent du bâtiment.

Ainsi, à la perte de la liberté vint se joindre pour eux la spoliation de la propriété, comme par surcroît.

Il fallut de nouveau subir un interrogatoire long et rigoureux; ensuite on transborda sur le vaisseau de l'état *la Bellone* tous les gens de l'équipage, à l'exception du capitaine et du directeur, en présence desquels on fit une visite minutieuse du navire et l'on procéda à l'apposition des scellés.

Le 13, ayant été réunis à leurs camarades sur *la Bellone*, ils furent conduits successivement, comme des prisonniers de guerre, d'Ajaccio à Toulon, de Toulon à Marseille.

Arrivés le 20, ils furent jetés, sans aucun mandat légal, dans les prisons du fort Saint-Nicolas, où ils sont restés long-temps dans l'état de séquestration le plus absolu, et où la plupart ont été exposés aux privations les plus pénibles.

Le directeur et le capitaine furent transférés le 31 suivant dans la maison d'arrêt des *Présentines*, sous l'inculpation de complot contre le gouvernement.

Ce n'est que le 21 juin que Mazzarini, Brélaz et Ratto y furent écroués à leur tour.

Jusqu'alors ils avaient été entendus comme témoins et sous la foi du serment; plus tard ils ont été considérés comme prévenus eux-mêmes de complot contre le gouvernement.

Il est à remarquer, par rapport à ceux-ci, que mis en état de prévention sans en avoir aucune connaissance, ils furent présentés d'abord à la prison du Palais-de-Justice, où le concierge refusa de les recevoir parce qu'il n'en avait pas d'ordre, et puis à la prison des Présentines, où l'on se montra moins difficile, à ce qu'il paraît.

Enfin, le lendemain ils furent ramenés au Palais-de-Justice, où on les accueillit cette fois sur un ordre de M. le procureur-général, pour être tenus au secret et interrogés.

Ils étaient ainsi depuis plusieurs jours, quand, las d'ignorer ce qui se rapportait à leur position, par exploit en date du 30 juin, ils sommèrent le geolier de vouloir bien leur faire savoir en vertu de quel acte ils étaient détenus.

Cette signification rappela à quelqu'un ses devoirs : tant y a que le 2 juillet, on vint remettre à ceux au nom de qui elle avait été faite, une copie d'un mandat de dépôt les concernant, datée du 20 juin précédent.

La copie fut reçue, mais après qu'on eut constaté la date du jour où elle était remise.

C'est de la sorte que les prévenus ont vu violer dans leurs personnes les droits les plus sacrés, sans aucune des formes protectrices que la loi ordinaire commande.

En vain le sieur Barchi, de Gênes, propriétaire du navire, a-t-il réclamé qu'il lui fût rendu; en vain le directeur a-t-il sollicité la remise d'une somme de six mille fr. qui devait servir aux besoins de l'équipage pendant le voyage, et qu'on a enlevée : on n'a rien obtenu. De Ferrari a dû renoncer, en particulier, par suite du refus qui lui a été fait, à pourvoir aux premières nécessités qui le pressent lui et ses compagnons; et tous, dès lors, ont dû se contenter du pain que le gouvernement accorde à ceux qu'il veut bien se charger de nourrir.

Après maintes réclamations demeurées sans effet, ils peuvent enfin s'adresser à la Cour : la justice saura leurs griefs, et sans doute aussi, elle voudra bien les venger.

La défense des inculpés est simple : elle se divise naturellement en deux parties.

Ce n'est qu'en foulant aux pieds le droit des gens qu'ils ont pu être arrêtés, détenus et traduits à un tribunal français. Le droit des gens exige donc qu'on les remette en liberté, sans plus longs retards, pour arriver au terme du voyage qu'ils avaient entrepris.

Mais, en supposant qu'on eût pu légalement s'assurer de leurs personnes pour tirer au clair les soupçons qu'on faisait peser sur leurs têtes, la procédure qui a été instruite contre eux ne présentant aucun indice réel du complot dont ils sont prévenus, le droit civil criminel exige encore qu'ils soient rendus à la liberté sans retard.

MOYENS TIRÉS DU DROIT DES GENS.

Ce n'est qu'au mépris du droit des gens que les inculpés ont pu être arrêtés; et, en effet, ils auraient dû être protégés contre toute entreprise de la nature de celle qui les a atteints, par l'inviolabilité de leur pavillon d'une part, et de l'autre par l'inviolabilité du malheur sous le poids duquel ils se trouvaient.

Première considération. — L'inviolabilité de leur pavillon devait être pour eux une égide impénétrable.

Tout le monde le sait : de même que les simples particuliers, les nations conviennent entre elles de certaines choses, soit d'une manière expresse, soit d'une manière tacite; et ce qui est ainsi convenu devient pour elles une loi véritablement obligatoire.

La collection de ces lois forme ce qu'on appelle le droit des gens. Montesquieu, dans sa concision sublime, les a toutes résumées en deux préceptes aussi énergiques qu'ils sont courts : « Se faire pendant « la paix le plus de bien, et pendant la guerre le moins de mal pos- « sible. »

C'est par une conséquence de ces accords que certains objets sont entourés chez tous les peuples d'une vénération générale.

Ainsi, il est reçu, parmi toutes les agrégations d'hommes répandues sur le globe, que le territoire d'une nation amie doit être, pour ainsi dire, sacré.

Rien ne saurait justifier une atteinte portée à ce principe, pas même l'excuse qu'on n'aurait fait que poursuivre jusque dans cet asile un ennemi déclaré.

Il est en effet de la majesté de chaque souverain d'être indépendant dans toute l'étendue de ses domaines ; sa juridiction doit régner seule et sans rivale ; à elle appartient uniquement de protéger ou de punir.

Il y a plus : comme les délits politiques n'offensent directement que la puissance contre laquelle ils sont dirigés, il n'y a plus ni crime, ni peine quand on est hors de la domination qui a établi la peine et le crime ; et dès lors toute autre puissance non seulement peut, mais même, jusqu'à un certain point, doit ouvrir un refuge au malheureux qui vient l'implorer chez elle : le livrer ou consentir qu'on s'en empare dans cette retraite serait un acte réprouvé par l'honneur.

Il faut convenir qu'il est consolant pour l'humanité de reconnaître en quelques endroits de la terre des lieux saints et respectés où, loin des factions, loin des lois de circonstance, loin des vengeances des vainqueurs, l'homme proscrit ou persécuté peut dormir en paix et reposer avec sécurité sa tête.

Ce sont là, en quelque sorte, des fondations hospitalières sanctionnées par un sentiment de bienséance universelle, dont l'oubli doit être considéré comme une calamité publique.

Quod naturalis ratio inter omnes homines constituit, id apud omnes perœquè custoditur, dit le droit romain.

Veut-on des exemples de l'autorité que ces maximes exercent sur la conscience des peuples?

Un jour Bonaparte voulut perdre le duc d'Enghien; il le fit enlever sur le territoire d'une puissance amie, et, après avoir ordonné qu'il serait reconnu pour un conspirateur, il le tua.

Demandez à l'histoire l'arrêt qu'elle a porté sur cette violation du droit des gens; son indignation seule vous répondra.

Un jour aussi un ministre de la restauration laissa opérer l'extradition de Galotti; la presse et la tribune n'eurent qu'une voix pour flétrir cette condescendance. Galotti fut réclamé et fut rendu.

Il est dans le vœu du droit des gens qu'on ne puisse jamais, sous quelque prétexte que ce soit, directement ou indirectement, violer le territoire d'une nation avec laquelle on est en paix.

Mais quand on parle de l'inviolabilité du territoire, ce n'est pas seulement du respect matériel pour le sol qu'il s'agit; on entend encore tout ce qui en est la représentation ou le symbole.

Il est convenu, par exemple, entre toutes les nations policées, que la demeure des agens diplomatiques doit être considérée comme une dépendance du territoire du souverain étranger qu'ils représentent.

« Je suis pleinement persuadé, » dit Grotius (*Traité du droit de la Guerre*, liv. 2, chap. 8, § 4, n° 8), « que les peuples ont trouvé « bon de faire ici, en la personne des ambassadeurs, une exception à « la coutume, reçue partout, de regarder comme soumis aux lois du « pays tous les étrangers qui se trouvent dans les terres de la dépen- « dance de l'état. De sorte que, selon le droit des gens, comme l'am- « bassadeur représente, par une espèce de fiction, la personne même

« de son maître, il est aussi regardé, par une fiction semblable, « *comme étant hors des terres de la puissance auprès de qui il exerce* « *ses fonctions;* et de là vient qu'il n'est pas tenu d'observer les lois « civiles du pays étranger où il demeure en ambassade. »

C'est ce qui fait aussi que le lieu où il réside jouit des priviléges attachés à un lieu consacré, et notamment du droit d'asile.

Les mêmes principes s'appliquent au pavillon de chaque peuple. Qu'est-ce en effet qu'un pavillon? c'est le signe de la nationalité d'un état, l'image qui rend son existence sensible partout, la livrée de ses traditions, de ses souvenirs et de sa gloire; c'est, pour ainsi parler, un passeport emblématique à l'abri duquel doivent circuler en sûreté toutes les personnes et toutes les choses qui lui appartiennent ou qu'il adopte.

Qui ne sait le sentiment de délicatesse et d'honneur que la civilisation moderne a attaché à l'existence de ce symbole? Elle en a fait à lui seul l'emblème le plus vivant de tous les intérêts moraux et matériels d'une nation.

Il est l'objet d'un culte véritable; on le salue avec respect, on ne le déploie qu'avec fierté; une simple injure qui lui est faite devient un motif légitime de guerre.

Là où il flotte, là règne la loi du peuple dont il est la couleur; il porte avec lui sa juridiction et sa souveraineté.

De là vient que ce qu'il ombrage est inviolable; on ne saurait y toucher sans enfreindre le droit des gens.

Par une conséquence nécessaire, tout navire voyageant sous le pavillon d'une nation amie doit être regardé comme un territoire ami: arrêter un tel navire pour quelque cause que ce soit, c'est insulter la nation à laquelle il appartient; et l'on ne saurait insulter un peuple avec lequel on n'est pas en guerre.

Tel est le sentiment des publicistes et des jurisconsultes les plus estimés, et entre autres de M. de Reyneval (de la *Liberté des Mers*, tom. 1er, pag. 67), et de Hubner, tom. 1er, chap. 3.

Ce dernier, faisant l'application de ces maximes aux intérêts comciaux, résume son opinion en ces termes : *Suivant les arrêts de la législation universelle, le pavillon couvre la cargaison.*

Le droit civil de chaque peuple est sur ce point parfaitement conforme aux principes et à la jurisprudence des auteurs ; il établit également qu'il ne doit point être permis d'arrêter et de fouiller un navire voyageant sous un pavillon ami, alors même qu'il contiendrait des effets appartenant à des ennemis reconnus.

Le réglement du 26 juillet 1778, qui régit encore la France, porte, article 1er : *Fait défenses S. M. à tous armateurs d'arrêter et de conduire dans les ports du royaume les navires des puissances neutres, quand même ils sortiraient des ports ennemis, ou qu'ils y seraient destinés, à l'exception toutefois de ceux qui porteraient des secours à des places bloquées, investies ou assiégées.*

Et une lettre de Louis XVI à l'amiral, en date du 7 août 1780, servant d'instruction au réglement qui précède, *recommande les plus grands ménagemens pour les navires appartenant aux sujets des puissances neutres ; de leur donner, suivant les circonstances, tous les secours qui peuvent dépendre d'eux, et de n'apporter aucun trouble à leur navigation, quoique la destination de leur chargement soit pour des ports ennemis.*

Par réciprocité à cette déclaration, la Russie avait rendu de son côté, le 28 février 1780, un hommage à la franchise et à la liberté des mers, en ordonnant que les vaisseaux neutres pourraient naviguer librement de port en port et sur les côtes des nations en guerre, et que *les effets appartenant aux sujets des puissances en guerre seraient libres sur les vaisseaux neutres*, à l'exception des marchandises de contrebande.

Déjà ces mêmes dispositions avaient été consacrées dans le traité d'alliance passé entre la France et les Provinces-Unies le 17 avril 1662, renouvelé par le traité de navigation du 16 août 1678, dont les art. 13 et 22 portent *que le pavillon couvrira la marchandise ennemie*.

Et de nos jours nous avons vu la défense de ce principe devenir le motif de cette célèbre coalition des puissances du nord connue sous le nom de *neutralité armée*.

Ainsi donc, toutes les autorités se réunissent à la force du raisonnement pour établir d'une manière incontestable ce principe, qu'on ne peut, sans violer le droit des gens, arrêter un bâtiment portant pavillon ami, de quelque prétexte qu'on se prévale d'ailleurs, excepté les seuls cas de blocus et de contrebande.

Le territoire étranger cesserait d'être inviolable le jour où son pavillon ne serait plus protecteur.

Cela étant ainsi, de quel nom faut-il qualifier l'acte par lequel un navire de l'état français a osé soumettre à des visites sans nombre un navire sarde, au mépris de l'inviolabilité de son pavillon, et cela en pleine paix, lorsqu'il n'existait de guerre avec personne, sur un simple soupçon qu'il y avait à bord un dépôt d'armes qu'on a cherché en vain? De quel nom faut-il qualifier l'acte par lequel on s'est emparé de la personne, non pas seulement des passagers français qui se croyaient à l'abri sous la protection de la foi étrangère, mais encore de la personne des gens de l'équipage, tous sujets sardes, appartenant à une autre juridiction et à une autre souveraineté? De quel nom faut-il qualifier l'acte par lequel on les a privés de leur liberté sur cette terre de France où il était de droit public autrefois que tout ce qui était esclave devenait libre en la touchant? De quel nom faut-il qualifier l'acte par lequel, après vingt interrogatoires, ils ont été arrachés de leur bord, détournés de leur route, conduits sous la garde de la force partout où l'on a voulu, jetés dans les prisons d'un fort, écroués plus tard dans une maison d'arrêt, où ils ont dû subir pendant un grand nombre de jours la torture morale du secret, sans qu'on ait daigné un moment les instruire de leur position? De quel nom faut-il qualifier l'acte par lequel on a mis la main sur une somme de 20,000 fr. consignée au directeur pour un négociant de Gênes qui la réclame, sur une autre somme de 6,000 fr. destinée aux besoins de l'équipage? De quel nom faut-il qualifier l'acte par lequel on a saisi leur navire et on y a apposé les scellés? De quel nom, grand Dieu! qualifier surtout l'acte par lequel on a abattu leur pavillon?

Disons-le hautement : le droit de prise, appliqué à un navire étranger au gouvernement qui l'exerce, ne peut évidemment exister que pendant la guerre; hors de là, pendant la paix, ce n'est plus un droit, c'est pillage, brigandage, piraterie.

Et qu'on ne dise pas que le *Carlo-Alberto* était soupçonné de porter à son bord la guerre civile, comme on a osé le dire.

Etait-ce donc une armée si redoutable que quatre hommes et une femme qui venaient demander un refuge contre les écueils de la mer?

Mais quand même on pourrait croire que les cinq passagers du *Carlo-Alberto* étaient des gens dangereux, des *conspirateurs* pour tout dire, s'ensuivait-il qu'on dût procéder comme on l'a fait? Fallait-il violer une propriété défendue par le pavillon d'une puissance amie? Pour les atteindre, fallait-il envelopper dans leur sort des marins que tout s'accordait à séparer de leur cause?

N'était-il pas naturel d'attendre (il est vrai qu'on aurait attendu en vain) que les provocateurs de troubles, comme on les appelle, fussent descendus à terre pour exécuter les projets criminels qu'on leur supposait, et qu'ils se fussent ainsi démasqués eux-mêmes? N'étant plus alors sur une terre étrangère, et le gouvernement se trouvant dans le cas de légitime défense, rien ne s'opposait à ce qu'ils fussent saisis.

Alors on ne courait pas le risque de frapper des innocens en même temps que des coupables ; car enfin, aux yeux les plus prévenus, les gens de l'équipage au moins ne pouvaient être suspects.

Veut-on cependant soutenir qu'on pût étendre jusqu'à eux la prévention que l'on fait peser sur d'autres?

Eh bien, nous y consentons encore pour un moment : ce n'eût jamais été une raison légitime pour leur faire éprouver le traitement qu'ils ont subi, tant qu'ils seraient restés, comme ils l'ont fait, sur leur bord.

Nous l'avons dit, d'après les publicistes les plus honorables, conformément au droit public de toute l'Europe, quand un navire appartenant à une nation amie, protégé par son pavillon national, serait reconnu porter à son bord des effets appartenant à une puissance avec laquelle on serait en guerre, on ne pourrait l'arrêter pour s'en emparer. De là, à l'hypothèse où des sujets d'une puissance ennemie, ou encore des hommes hostiles y auraient été reçus, il n'y a qu'un pas.

La maxime tutélaire qu'on invoque s'étend à tous les cas : tout navire sur lequel flotte le pavillon d'une puissance neutre est un terrain neutre, et l'on ne saurait y pénétrer par violence pour y atteindre son ennemi : on usurperait autrement une souveraineté et une juridiction qui appartient à d'autres.

Est-ce à dire, pour cela, qu'il n'y ait aucun moyen de déjouer le crime et même de le punir? Non, sans doute.

Outre le droit qu'a le gouvernement menacé, de se tenir sur ses gardes et de surveiller de près une entreprise qu'il redoute, il a toujours celui de s'adresser au gouvernement auquel appartient le navire, pour exiger qu'on le venge, sous peine de lui déclarer la guerre.

Voilà quelle est la marche indiquée par le droit des gens.

Après avoir dit que l'ambassadeur, représentant son souverain, est considéré comme ayant sa demeure hors des terres de la puissance auprès de qui il exerce ses fonctions, ce qui fait qu'il n'est point tenu d'observer les lois civiles du pays où il se trouve, Grotius ajoute ces lignes remarquables : « Si donc il vient à commettre quelque « crime dont on croie pouvoir ne pas se formaliser, il faut ou faire « semblant de l'ignorer, ou ordonner à l'ambassadeur de sortir de « nos états; comme Polybe nous apprend qu'on en usa à l'égard d'un « ambassadeur qui, étant à Rome, fournit à des ôtages qu'on y gar- « dait, le moyen de se sauver.... Que si l'ambassadeur a commis un « crime énorme et qui tende à causer du préjudice à l'état, il faut « le renvoyer à son maître, en demandant à celui-ci de deux choses « l'une : ou qu'il punisse son ambassadeur, ou qu'il nous le livre. »

Et plus bas : « Si les gens de sa suite ont commis quelque crime « considérable, on peut le prier de les livrer. Je dis *prier, car il « ne faut pas s'en saisir par force*. Les Achéens ayant voulu autre- « fois enlever quelques Lacédémoniens qui étaient à la suite des « ambassadeurs de Rome, les Romains se récrièrent fort là-dessus, « disant que c'était violer le droit des gens..... Que si l'ambassadeur « refuse de livrer les gens de sa suite dont on a lieu de se plaindre, « il faut en user, comme nous avons dit qu'on doit agir à l'égard « de l'ambassadeur lui-même, lorsqu'il s'est rendu coupable de « certains crimes. »

Pourquoi ne peut-on, dans aucun cas, quelque criminels qu'on les suppose, *saisir par la force* un ambassadeur ou ses gens? C'est parce qu'ils sont censés avoir leur demeure hors du territoire de la puissance chez laquelle ils résident, et que, par cette fiction, ils ne sont justiciables que de la souveraineté de la nation à laquelle ils appartiennent.

Or, un navire portant un pavillon étranger est considéré comme un territoire étranger.

Ceux qui s'y trouvent ne peuvent donc jamais être détournés de la juridiction de la souveraineté sous le pavillon de laquelle ils s'étaient mis à l'abri. Ils ne peuvent donc pareillement, quelque coupables qu'on les suppose, être saisis par la force.

Que sera-ce si, bien loin qu'on puisse incriminer leurs actes, il n'est même pas possible d'incriminer leurs intentions, comme il est vrai de le dire des personnes qui se trouvaient sur le *Carlo-Alberto !*

Mais on fait une autre objection; l'on dit : à bord du *Carlo-Alberto* se trouvaient des dépôts d'armes; ces objets ne pouvaient être destinés qu'à être jetés sur la côte pour armer les citoyens les uns contre les autres; ils sont rangés dans la classe des effets de contrebande qu'il n'est point permis d'emporter dans une place assiégée ou en état de blocus; et comme dans ce cas il est permis d'arrêter le navire qui porte une cargaison de cette nature, on a pu saisir par assimilation le *Carlo-Alberto*, qui se trouvait dans un cas analogue.

Nous n'aurons pas de peine à faire sentir la faiblesse de cette difficulté.

Tout est allégation pure, dénuée du moindre fondement et de la plus légère vraisemblance.

D'abord, en droit, quand il s'agit de lois pénales, et de lois qui prononcent une peine aussi exceptionnelle que la confiscation, l'assimilation et l'analogie ne sont point admissibles; et puis, en fait, pour qu'il y eût contrebande, il faudrait qu'on pût montrer une ville assiégée ou en état de blocus, dans laquelle le *Carlo-Alberto* eût essayé de faire pénétrer des objets mis sous le coup de la prohibition.

Il faudrait qu'il y eût eu non seulement intention, mais encore commencement d'exécution de sa part, d'où l'on pût induire le jet qu'on lui prête.

Il faudrait surtout qu'on démontrât l'existence à bord d'un dépôt d'armes et de munitions.

Or, tous les efforts qu'on a faits pour arriver à cette preuve n'ont amené qu'un résultat contraire.

Il est certain que le *Carlo-Alberto* était moins armé que ne le sont ordinairement tous les navires de cette espèce.

L'argument est donc sans portée : passons à un autre.

On pourra dire peut-être : le *Carlo-Alberto* a été pris dans les parages de la France, donc, à raison de ce fait, ceux qui le montaient doivent être justiciables de la souveraineté de ce pays.

Cela ne serait exact sous aucuns rapports.

Ce qui fait qu'on doit être soumis à telle juridiction plutôt qu'à telle autre, ce n'est pas le fait qu'on a été arrêté, c'est le droit qu'avait le pouvoir de le faire.

Or, ce droit, l'avait-il? non, mille fois non! Sa violence ne saurait le lui arroger, pas plus qu'elle ne saurait ravir aux détenus aucune de leurs prérogatives.

Qu'importe, au reste, que le navire ait été saisi dans les parages de La Ciotat ou ailleurs? cette circonstance est indifférente en elle-même.

Le lieu qui a été le théâtre de cet acte arbitraire n'en saurait changer la nature.

Ce qui, d'ailleurs, doit faire disparaître toute difficulté sur ce point, c'est que le *Carlo-Alberto* n'est point venu volontairement dans l'endroit où il a été saisi, mais qu'il y a été poussé par la nécessité et par la tempête ; en sorte qu'il est erroné de dire qu'il a été pris par *le Sphinx*, la vérité étant qu'il lui a été comme remis par une force majeure.

Ici la question change, et un nouveau point de vue s'offre à la justice.

Si l'inviolabilité du pavillon sous lequel voyageait le *Carlo-Alberto* devait être pour ceux qu'il portait une sauvegarde infaillible, ils ne devaient pas en trouver une moins certaine dans la nature de l'événement qui l'avait poussé en rade de la Ciotat.

Seconde considération tirée du droit des gens : *inviolabilité du malheur.*

Avant d'arriver à Roses, la chaudière du *Carlo-Alberto* s'était ouverte de manière à donner des craintes sur l'issue du voyage : cela est si vrai qu'à peine rendus sur ce point, on pria M. Bonnet, vice-consul de France et de Sardaigne, d'envoyer chercher les ingrédiens nécessaires pour former un mastic propre à réparer la fissure qui s'était déjà manifestée ; ingrédiens qu'il fallut aller chercher à Ampurias, distant de plusieurs lieues de Roses. La chaudière fut raccommodée tant bien que mal, mais elle ne tint pas quand on fut reparti.

L'influence des avaries essuyées recommença peu à peu à se faire sentir. Le mauvais temps, la mer furieuse et le roulis qui en était la suite, survenant par dessus tout, détraquaient de plus en plus la machine.

Pour comble de malheurs, par l'effet des retards que mille contretemps avaient occasionés à la navigation, le charbon manquait et le bois dont on se servait à la place, ne donnait point une vapeur suffisante pour pouvoir aller.

Enfin, au milieu de toute cette détresse, et comme pour l'achever, la chaudière vint à se crever tellement que l'eau en ruisselait et éteignait le feu.

Il fallait périr ou se décider à demander secours.

C'est pour cela qu'on se mit à serrer la côte et qu'on alla s'arrêter en vue de La Ciotat.

Les gens du *Carlo-Alberto* venaient de demander une ancre de salut ; on eut l'air de leur offrir un abri, mais au delà du port on leur avait ménagé un écueil.

On feignit de leur tendre une main secourable, mais on se préparait de l'autre à leur enfoncer un poignard dans le cœur.

On parut vouloir leur donner l'hospitalité, mais c'était pour en méconnaître tous les droits.

Le maire de La Ciotat (un magistrat! et il a osé s'en vanter dans une lettre devenue publique!) ne dédaigna point de leur présenter l'amorce d'une trompeuse espérance au bout de laquelle, dans sa pensée peut-être, devait se trouver la mort.

Cela ne rappelle-t-il pas trop les manœuvres de ces hommes dénoncés aux lois par l'indignation universelle, qui allument des feux sur les rescifs pour y attirer et y faire briser les malheureux navigateurs? Le fait est que, pendant qu'on offrait à l'équipage du *Carlo-Alberto* les moyens de réparer ses avaries, et qu'on le pressait d'entrer pour cet objet dans le port, on prévenait en secret l'administration supérieure d'envoyer une force suffisante pour s'en saisir.

On supposait, dira-t-on, que le *Carlo-Alberto* était une conspiration organisée.

Qu'importe? Alors même que ce qui n'était qu'un soupçon ridicule eût été une certitude réelle, le droit des gens s'opposait à ce que l'on abusât du malheur d'un naufrage pour assouvir des haines politiques.

Par un sentiment d'humanité qui a force de loi chez toutes les nations civilisées de la terre, le malheur opère de plein droit une trêve entre les ennemis les plus irréconciliables.

La voix de la nature, plus forte que la voix des passions, crie trop haut pour qu'on ne l'entende pas : *Les malheureux sont sacrés.*

Cette loi, écrite dans le cœur de tous les hommes, fut faite pour les victimes des vents et des flots : elle ordonne de rendre ce qui était livré par la fureur des vagues.

C'est sous l'inspiration de ces nobles pensées que les publicistes dignes de parler au monde ont attaqué avec tant de force l'usage, subsistant encore de leur temps dans quelques pays, de s'emparer des débris des naufragés.

« Dans ce temps-là (celui de l'invasion des Barbares), » dit Montesquieu, « s'établirent *les droits insensés* d'aubaine *et de naufrage :*
« *les hommes pensèrent que les étrangers ne leur étant unis par au-*
« *cune communication du droit civil, ils ne leur devaient, d'un côté,*
« *aucune sorte de justice, et de l'autre, aucune sorte de pitié.*

« Mais les Romains, qui faisaient des lois pour tout l'univers, en
« avaient fait de très humaines sur les naufrages : ils réprimèrent
« à cet égard les brigandages de ceux qui habitaient les côtes, et, ce
« qui était plus encore, la rapacité de leur fisc. » (*Esprit des Lois*, liv. 21, chap. 17.)

Grotius (*Du Droit de la Guerre*, liv. 2, chap. 7, § 1,) s'exprime avec la même générosité :

« Je remarquerai, dit-il, qu'il y a des lois civiles tout-à-fait
« injustes, comme celles qui confisquent les biens échappés du
« naufrage ; car c'est une injustice toute pure d'ôter à quelqu'un ses
« biens et de se les approprier sans aucun sujet apparent. Euripide
« introduisant quelqu'un qui avait fait naufrage, lui met avec raison
« ces paroles dans la bouche : *Je suis de ces gens qu'on ne doit pas*
« *piller*. Quel droit a le fisc, disait l'empereur Constantin, sur ce
« qu'on a perdu par un si triste accident, et faut-il qu'il grossisse son
« fonds aux dépens des malheureux ? A Dieu ne plaise, s'écrie Dion
« de Pruse en parlant aussi des naufragés, que nous nous enrichis-
« sions du malheur de ces gens-là ! »

Si donc c'est un sacrilége de profiter de la détresse d'un homme pour s'emparer de son bien, que faudra-t-il dire de l'acte par lequel, à la faveur de circonstances déplorables, on se sera emparé de sa personne pour le jeter dans les fers?

La considération d'une hostilité préexistante ne doit entrer pour rien dans la manière d'envisager une position pareille.

Ce n'est point, en effet, en qualité d'ennemis, c'est comme opprimés par la fortune que de malheureux navigateurs se présentent.

Des hommes dont le vaisseau fracassé a été poussé par la nécessité vers la côte ne viennent point réclamer la pitié les armes à la main: quand on implore du secours, on n'est point hostile.

Il en jugea ainsi ce magnanime Espagnol dont l'abbé Raynal, dans son *Histoire philosophique des deux Indes*, liv. 14, chap. 17, nous a conservé le souvenir.

« En 1746, le capitaine Edwards, commandant le vaisseau de « guerre anglais *l'Elisabeth*, ayant beaucoup souffert d'une tempête « sur les côtes de Cuba et se trouvant sur le point de faire naufrage, « se réfugia dans le port de l'île. Il se présenta au gouverneur de la « Havane, et lui dit: Je viens vous livrer mon navire, mes matelots, « mes soldats et moi-même; je ne vous demande que la vie pour « mon équipage. — Je ne commettrai point, dit le commandant « espagnol, une action déshonorante: si nous vous eussions pris dans « le combat, en pleine mer ou sur nos côtes, votre vaisseau serait à « nous et vous seriez nos prisonniers; mais, battus par la tempête « et poussés dans ce port par la crainte du naufrage, j'oublie *et je* « *dois oublier* que ma nation est en guerre avec la vôtre. *Vous êtes* « *des hommes, et nous le sommes aussi; vous êtes malheureux,* « *nous vous devons de la pitié.* Déchargez donc avec assurance et « radoubez votre vaisseau. Trafiquez, s'il le faut, dans ce port pour « les frais que vous devez payer. Vous partirez ensuite, et vous aurez

« un passeport jusqu'au delà des Bermudes. Si vous êtes pris après « ce terme, le droit de la guerre vous aura mis dans nos mains ; « mais dans ce moment, je ne vois dans des Anglais que *des étran- « gers pour qui l'humanité réclame du secours.* »

Celui qui pensait et parlait de la sorte jugeait bien que des hommes livrés par la tempête n'étaient point pris, et que si on les sauvait, ce ne devait pas être pour les charger de chaînes.

Qu'il y a loin de cette conduite élevée à la conduite que le maire de La Ciotat ne craignit pas de tenir à l'égard du *Carlo-Alberto!*

« N'ayant à ma disposition, » écrivait-il lui-même au *Sémaphore* de Marseille le 19 mai, « aucun moyen pour m'assurer du navire, « *je fis de mon mieux pour l'attirer dans le port.* Le capitaine y con- « sentit *enfin*, et j'en envoyai sur-le-champ l'avis à M. le préfet, en « lui annonçant que le *Charles-Albert* m'avait remis ses papiers, « que j'aurais bientôt sa chaudière et que mon intention était *de « garder* ces objets jusqu'à nouvel ordre. »

Quoi! vous n'avez pas honte d'avouer qu'ayant l'intention d'arrêter le navire, *vous fîtes de votre mieux* pour l'attirer dans le port! Vous ne rougissez pas de convenir que vous vous fîtes remettre les papiers du bord pour les garder! Et quand vous engagiez le capitaine à débarquer sa chaudière afin de la faire réparer, c'était, non pour lui permettre de continuer sa route, mais pour le faire tomber d'une manière certaine entre les mains de la force publique que vous aviez fait avertir! Ah! monsieur, avez-vous songé que vos confidences au *Sémaphore* seraient entendues de la France entière, et que toutes les opinions généreuses, sans distinction, feraient justice du *vilain métier* que vous avez fait là?

Détournons les regards d'un procédé si peu honorable, pour les reporter sur un autre exemple où brille le sentiment des vrais principes du droit des nations.

C'est au moyen d'une erreur cruelle qu'on a imaginé de saisir plus sûrement les personnes qui montaient le *Carlo-Alberto* : tout homme ne profite pas d'une erreur, et moins encore ne la fait naître, pour des fins aussi viles.

La *Gazette de France* du 28 mars 1780 rapporte que le capitaine Inglis, Anglais, ignorant que le fort de San-Fernando d'Omoa n'était plus au pouvoir de sa nation, y aborda. Les Espagnols, loin de mettre à profit son erreur, eurent la générosité de l'y laisser séjourner trois jours, pendant lesquels les commandans respectifs se rendirent de mutuelles visites. Le capitaine Inglis dut même au commandant espagnol les vivres et les rafraîchissemens dont il avait besoin pour gagner la Jamaïque.

Les personnes qui montaient le *Carlo-Alberto* ne demandaient point qu'on poussât en leur faveur la courtoisie jusqu'à ses dernières limites; mais était-ce s'attendre à trop que d'espérer qu'on voudrait bien leur fournir les moyens d'échapper à un naufrage imminent, et de parvenir jusqu'à Nice où ils avaient le projet d'aller?

Ce désir de leur part, cette espérance dont ils se flattaient, n'avaient rien qui ne fût en rapport avec la plus stricte justice.

Si l'ennemi livré par la tempête, ou par un accident commun à tous les partis, est absous par le malheur et doit être rendu à la liberté, avec quelle confiance ne devaient-ils point se présenter, eux qui n'étaient animés que d'intentions paisibles!

Quels que fussent d'ailleurs ses soupçons à l'égard des personnes que portait le *Carlo-Alberto*, l'administration n'avait qu'une seule chose à faire : c'était de faire vérifier si ce navire était réellement dans le cas d'une relâche forcée.

Dans le cas de l'affirmative, on ne pouvait se dispenser de le laisser se réparer pour arriver au terme de son voyage.

Sinon, on était en droit de lui ordonner de s'éloigner à l'instant.

Le tout, sans préjudice de la surveillance à laquelle on pouvait le soumettre en tout état de cause.

Mais jamais, sur de simples appréhensions, il ne pouvait être permis de s'en emparer brutalement, comme on l'a fait.

Le point dominant de l'affaire, c'est que le *Carlo-Alberto* et les personnes qu'il avait à bord étaient inviolables, une fois cette circonstance établie qu'ils avaient été poussés à La Ciotat par un sinistre, quelles qu'eussent pu être primitivement leurs intentions.

Or, ce fait est prouvé d'une manière on peut dire rigoureuse. L'équipage du *Carlo-Alberto* invoque à cet égard d'abord le témoignage de M. Janvier, officier distingué du bateau à vapeur de l'état *le Nageur,* et de son lieutenant M. Labrousse, qui, ayant vérifié l'état de la chaudière du *Carlo-Alberto,* pourront certifier qu'il était dans l'impossibilité de continuer sa marche.

Les prévenus peuvent invoquer ensuite l'autorité d'un fait constant : c'est qu'à Ajaccio, les mécaniciens du *Sphinx* et du *Nageur* s'étant réunis pour consulter sur l'état de la chaudière du *Carlo-Alberto,* jugèrent qu'elle ne pouvait plus servir; et qu'ayant essayé de la raccommoder, ils y travaillèrent pendant trois jours, sans réussir à autre chose qu'à une réparation imparfaite.

Enfin, même après tous ces travaux, la machine est encore tellement détraquée, qu'à son inspection on peut juger facilement qu'elle n'était plus propre à faire son service.

Il est donc démontré, autant qu'il peut l'être, que si le *Carlo-Alberto* s'est approché des côtes de La Ciotat, c'est pour éviter de périr au milieu des flots.

Après cela, qu'on incrimine tant qu'on voudra la pensée de ceux qui étaient sur son bord; qu'on les accuse d'avoir voulu opérer un débarquement sur la plage au nombre vraiment formidable de cinq, y compris une femme; qu'on leur impute d'avoir trempé dans un complot dont ils ignorent encore l'existence, tout ce qu'on pourra dire n'empêchera point que lorsque le navire s'est présenté à La Ciotat, il venait pour demander du secours.

Dès lors, le droit des gens les couvrait d'un bouclier impénétrable à la violence : il élevait autour d'eux un mur d'airain ; il les marquait, pour ainsi dire, d'un sceau d'inviolabilité.

Donc, ils ne pouvaient point être arrêtés; donc ils ne pouvaient point être détenus; donc ils ne sauraient être justiciables d'aucun tribunal.

Ce n'est point la première fois que ce système a été soutenu devant des juges français, et le succès qu'il a obtenu déjà, est un garant de celui qu'il doit obtenir encore.

Qui n'a connu les aventures des naufragés de Calais, dont l'histoire a été écrite avec tant d'intérêt par M. le duc de Choiseul? Qui n'a palpité au récit de leurs infortunes? Qui n'a béni la justice des magistrats qui eurent alors le courage de les sauver?

Eux aussi furent dans la nécessité d'aborder les côtes de France; eux aussi furent saisis, incarcérés, jetés à un tribunal criminel; mais eux aussi se prévalurent des principes du droit des gens, et ils triomphèrent.

En l'an IV de la république, cinquante-trois émigrés français, ayant pour chefs MM. de Choiseul, de Vibraye et de Montmorency, traitèrent en Hanovre avec l'Angleterre, alors en lutte avec la France, pour aller servir dans l'Inde : il fut convenu qu'ils seraient transportés sur des navires neutres, ainsi qu'un nombre assez considérable de militaires étrangers qu'ils avaient sous leurs ordres.

Une tempête violente les accueillit lors de leur entrée dans la Manche; ils furent poussés vers les côtes de Calais; le navire danois qui les portait périt avec une partie des hommes qu'il avait à bord, et le reste ne put se sauver qu'à la nage.

Ils rencontrèrent d'abord des soins hospitaliers; mais bientôt à ces démonstrations favorables succédèrent des traitemens cruels.

Le directoire régnait alors, et l'on sait qu'il n'avait pas horreur du sang.

Par ses ordres, les militaires étrangers furent considérés comme prisonniers de guerre, et les émigrés français furent traduits à une commission militaire réunie à Calais, pour être jugés d'après les lois rendues contre l'émigration.

L'un des articles de ces lois prononçait la peine de mort contre tout émigré ayant fait partie de rassemblemens armés, qui serait pris sur la frontière ou dans un pays ennemi.

Et l'on accusait les malheureux prévenus d'avoir porté les armes contre la France, avant leur capitulation passée en Hanovre avec l'Angleterre.

M. de Choiseul, au nom de tous, se défendit avec noblesse. Il fit valoir surtout ces deux considérations : qu'ils avaient navigué sous un pavillon ami de la république, et qu'ils n'avaient touché à la côte de France que pour échapper aux flots : « A ce double titre, dit-il en se résumant, de passagers sur un vaisseau marchand neutre et de naufragés, nous sommes enveloppés d'une double inviolabilité. »

La commission militaire de Calais, se décidant surtout d'après ces deux considérations, rendit le 30 décembre un arrêt par lequel elle sauvait les accusés.

Cet arrêt était en dernier ressort. Le ministre de la justice voulut faire décider qu'il serait sujet à révision, et le déféra à la cour suprême.

Mais la cour de cassation, montrant une généreuse indépendance, n'admit point un second degré que la loi ne reconnaissait pas.

Alors le directoire saisit par un message le corps-législatif de la connaissance de cette affaire.

Après bien des délais, les chambres s'en occupèrent enfin, et le rapport en fut fait successivement par Jourdan des Bouches-du-Rhône, membre du conseil des cinq-cents, et Portalis, membre du conseil des anciens.

« Le jugement de Calais, dit le premier, se divise en trois parties « parfaitement distinctes : dans la première, c'est la seule impor- « tante, celle où tout se rattache, la commission a prononcé *sur un* « *fait justificatif et péremptoire, le naufrage.*

« Dans la seconde, elle a surabondamment jugé l'émigration hos- « tile ou les faits de rébellion qui étaient de sa compétence; *elle eût* « *pu s'en dispenser.*

« Dans la troisième, *elle a plus surabondamment encore* renvoyé « la connaissance de l'émigration simple, c'est-à-dire de l'infraction « du ban, dégagée de toute espèce de circonstances, devant les tri- « bunaux criminels.

« Il suffit de la moindre réflexion pour se convaincre que, *dans* « *la première partie, la commission de Calais a tout jugé.*

« C'est un principe incontestable et incontesté en matière crimi- « nelle, qu'un fait justificatif, et surtout *un fait péremptoire,* une fois « admis, prouvé, jugé sans appel, ne peut plus être ni reproduit, « ni contesté. *Si le naufrage légalement justifié est une excuse légi-* « *time, que reste-t-il à décider devant les tribunaux?....*

« Que l'innocence du voyage, que la neutralité des vaisseaux da- « nois et la destination pour les grandes Indes soient également « prouvées et jugées, tant mieux. Ces circonstances ajoutent à la con- « viction de l'homme; *mais pour le législateur, le juge et les accusés* « *elles sont inutiles, le naufrage satisfait à tout....*

« Assurément, tout ce que j'ai dit du naufrage, *considéré comme* « *fait péremptoire*, on pourrait l'appliquer à la *neutralité* du vais- « seau danois.... *mais votre commission a fermé les yeux sur les*

« *moyens inutiles et surabondans, elle n'a jamais voulu voir que le* « *naufrage....*

« Nos cinquante-trois émigrés ont-ils été pris, ont-ils été pris sur « la frontière? Non, *la tempête vous en a fait présent.* La mer n'est « ni une frontière, ni un pays ennemi....

« *Des naufragés sont-ils justiciables?* Les accusés sont jugés sans « doute, *mais ils n'auraient pas dû l'être; sur le procès-verbal des* « *officiers de l'amirauté, il eût fallu de suite les renvoyer : le droit* « *des gens l'ordonne ainsi....*

« *Ni les fureurs réciproques de la guerre civile, ni les lois révo-* « *lutionnaires, ni les ordres du ministère n'auraient dû empêcher la* « *loyauté française de rendre le lendemain à la mer apaisée, ce* « *que les flots irrités lui avaient apporté la veille.* »

Sur cet exposé, le conseil des cinq-cents décréta l'urgence, et adopta une résolution par laquelle les naufragés de Calais devaient être mis en liberté et reconduits hors du territoire.

Portée au conseil des anciens, Portalis en proposa l'adoption avec cette éloquence de l'ame dont il a laissé de si beaux monumens.

« Le naufrage est constant, dit-il, il est convenu. *Ce fait est tel* « *par sa nature qu'il donne la solution de toutes les difficultés, et* « *qu'il écarte l'application de toutes les lois....*

« Si l'émigré est jeté sur nos côtes par une tempête, il ne doit « point être traduit devant la loi, il est absous par la fortune : je ne « vois point le crime, mais le cas fortuit; je n'aperçois pas la volonté « de l'homme, je ne vois que la fatalité du destin....

« *La nature régit tout, mais l'empire des lois positives est borné à* « *leur territoire;* en quittant le territoire, on cesse d'être soumis à « la souveraineté. Sans doute l'émigré qui, par un retour illicite, « brave les lois qui le bannissent, redevient leur sujet et leur jus- « ticiable; mais s'il est porté sur nos rivages par un accident mari-

« time, il n'est point coupable, il n'est que malheureux; il n'appelle « pas la vengeance, mais la pitié; la France doit devenir pour lui, « non un sol dévorant, mais une terre hospitalière; *il demeure sous « l'empire de la nature, il ne tombe pas sous celui de la loi.*

« Le malheur a je ne sais quoi de sacré qui, au milieu même des « plus sanglantes hostilités, commande le respect et inspire cette « douce et salutaire commisération que la Providence a gravée « dans le cœur de l'homme, pour modérer les passions haineuses et « pour être comme la sauvegarde de l'espèce humaine.

« N'avons-nous pas assez de nos faiblesses et de nos vices? Faut-il « encore, pour nous rendre plus misérables, nous imputer à délit les « jeux et les accidens de la fortune? Le doux et salutaire empire des « lois ne sera-t-il donc plus que le triste et désespérant empire de la « nécessité? *Et l'injustice des hommes peut-elle jamais être portée à « ce point de scandale, qu'elle veuille mettre à profit la fureur des « élémens pour trouver partout des victimes,* pour accabler des « malheureux, pour porter la désolation et le désespoir dans toutes « les ames, et pour aggraver, par des atrocités réfléchies, tous les « dangers imprévus qui menacent notre fragile existence sur la « terre!...

« *Des hommes naufragés ne sont proprement justiciables d'aucun « tribunal particulier: il ne s'agit pas de les juger, mais de les se- « courir.* Ils sont sous la garantie de la commisération universelle; « l'état dans lequel ils prennent un asile forcé en répond au monde « entier.

« *On n'eût jamais dû mettre en jugement des hommes qui avaient « droit à notre humanité, mais qui étaient étrangers à notre juridic- « tion.* Un acte d'hospitalité était nécessaire, et non un acte de puis- « sance. *Le naufrage constaté, toute procédure était interdite. La « pitié et la générosité nationales devaient éclater seules. Dans ces*

« *momens il s'opère un retour instantané à l'état de nature qui fait* « *cesser tous les rapports civils et politiques, et qui ne laisse subsister* « *que ceux dont la nature même s'est rendue garante entre des êtres* « *de la même espèce.* »

Le conseil des anciens écouta ces paroles dans un recueillement profond, et adopta à l'unanimité les conclusions de son rapporteur qui tendaient à approuver le projet délibéré par le conseil des cinq-cents.

Le cri de la conscience générale fut tel, que le directoire lui-même dut y donner son assentiment; en sorte qu'une loi insérée au bulletin consacra les maximes humaines qui avaient été professées à cette occasion.

En vain, même après le 18 fructidor, essaya-t-on d'abroger cette loi : elle résista aux efforts d'une rétroactivité sanguinaire; et quand ce régime de terreur posthume vint à tomber devant le 18 brumaire, les droits acquis et les principes déjà reconnus reprirent une nouvelle force.

Bonaparte s'empressa de mettre fin aux angoisses des malheureux naufragés, en provoquant un arrêté consulaire qui leur accordait une déportation, objet depuis si long-temps de tous leurs vœux.

Cet acte, en date du 18 frimaire an VIII, portait :

« Les consuls de la république, ouï le rapport du ministre de la « police générale,

« Considérant que les émigrés détenus au château de Ham ont fait « naufrage sur les côtes de Calais;

« Qu'ils ne sont dans aucun cas prévu par les lois sur les émigrés; « *qu'il est hors du droit des nations policées de profiter de l'accident* « *d'un naufrage, pour livrer même au juste courroux des lois des* « *malheureux échappés aux flots;*

« Arrêtent : Les émigrés français.... seront déportés hors du terri-
« toire de la république. »

Quant aux militaires étrangers qui avaient été saisis en même temps qu'eux, ils furent mis également en liberté.

Ainsi les principes du droit des gens que nous invoquons, soumis dans une seule circonstance au jugement de toutes les autorités judiciaires, législatives et administratives de la France, reçurent de leurs décisions successives une consécration solennelle.

Les mêmes moyens doivent naturellement amener les mêmes effets : ici, comme là, il s'agit de personnes qui s'étaient embarquées sur un navire étranger portant un pavillon ami, et qui ne se sont approchées des côtes françaises que pour échapper aux dangers imminens d'une navigation fatale.

Il résulte de ces deux faits, d'une part qu'elles étaient, lorsqu'elles ont été appréhendées, hors du territoire de ce pays, et conséquemment étrangères à sa juridiction ; d'autre part, qu'elles avaient été livrées par la fortune ; en sorte qu'elles étaient exclusivement sous l'empire de la nature, et point sous celui des lois positives.

Les prévenus ont donc raison de dire qu'ils ne pouvaient être arrêtés, encore moins détenus, et qu'ils ne sauraient être traduits devant aucun tribunal.

Magistrats français, des hommes qui s'alarment de tout, et qui ne connaissent point votre équitable indépendance, ont manifesté l'espoir qu'on immolerait de malheureux navigateurs à leurs terreurs puériles.

Trompez par votre justice ces vœux sacriléges, prouvez que vous n'ignorez point les droits du malheur ; que votre arrêt apprenne à toutes les nations que la France n'est point une autre Tauride, et que le glaive des lois confié à vos mains ne saurait servir à des sacrifices aussi odieux.

Rendez la liberté aux détenus du *Carlo-Alberto;* le droit des gens l'ordonne.

MOYENS TIRÉS DU DROIT CIVIL CRIMINEL.

Mais ce c'est pas tout : quand même l'inviolabilité du malheur et du pavillon ne soustrairaient point l'équipage du *Carlo-Alberto* à la juridiction française, ils devraient encore être relâchés sur-le-champ en vertu des principes ordinaires du droit civil criminel.

Il est impossible en effet de trouver contre eux les moindres indices ou les plus légères traces du délit dont ils sont prévenus.

Conçoit-on seulement qu'on ait pu inculper des marins étrangers d'avoir fait partie d'un complot dirigé contre un gouvernement qu'ils ne connaissaient même pas, pour ainsi dire?

Et d'abord, a-t-on bien réfléchi sur les sens que la loi attache au *terme de complot?*

Pour qu'il y ait complot, il faut, d'après l'art. 89 du code pénal, qu'on démontre l'existence d'une *résolution d'agir concertée et arrêtée* entre deux conspirateurs ou un plus grand nombre.

La *résolution* suppose un but déterminé; il ne suffit point que l'intention ait été manifestée, il faut que la résolution ait été prise.

La résolution elle-même n'est point assez, il faut qu'elle ait été d'abord *concertée* et ensuite *arrêtée* entre les prévenus.

Le concert entre plusieurs personnes, dans un but déterminé, suppose évidemment quelque chose de plus que la connaissance de ce but, et un assentiment donné à la proposition.

Il y a plus, un tel assentiment peut être blâmable aux yeux de la morale, mais à lui seul il ne constitue point encore *le complot.*

Il est indispensable pour cela qu'il y ait résolution d'agir concertée et *arrêtée* en outre ; c'est-à-dire, que la volonté soit fixe, complète, le crime consommé véritablement au fond de la conscience.

Ainsi, résolution d'agir dans chaque prévenu, concert entre eux, détermination définitive de chacun dans la résolution débattue et prise de concert, tels sont les trois caractères auxquels la loi reconnaît la culpabilité : quand ces trois élémens se rencontrent, alors seulement le complot est formé, alors seulement le fait entre dans la définition de la loi.

Or, nous le demandons, où peut-on reconnaître rien de semblable dans ce qui se rapporte à l'équipage du *Carlo-Alberto ?*

Comment admettre de leur part une *résolution d'agir,* et dans quel but ?

Pour renverser le gouvernement fondé en juillet et y en substituer un autre ? — Mais que leur importait ? Appartenant à la Sardaigne, étrangers par tous les points à ce qui se passe en France, ils ne peuvent être qu'indifférens à telle ou telle forme de gouvernement, à la nature de tel pouvoir ou de tel autre, au triomphe de tel principe sur un principe contraire.

Leur qualité d'étrangers exclut jusqu'à la plus simple présomption d'une pure inimitié ou d'une pensée de malveillance.

Qu'après les chutes successives de gouvernemens divers, il se forme, au sein des états ébranlés par les vicissitudes, des mécontentemens particuliers, des haines privées même, cela se conçoit facilement. Ces dispositions dérivent d'intérêts personnels rudement froissés, qui regrettent l'ordre de choses ancien, et à qui la ruine de l'ordre de choses nouveau peut offrir quelques espérances. De là, ces existences douloureuses qui ne peuvent trouver place dans l'ordre établi, ces désirs inquiets qui ont besoin de renversement, cette attente agitée qui se répand en propos hostiles et accueille tout ce qui la flatte.

Le complot est fort loin encore quand on en est là; mais cette manière d'être peut en avoir l'air jusqu'à un certain point.

Eh bien! qui oserait dire que ces dispositions mêmes ont pu se retrouver au fond du cœur de l'équipage du *Carlo-Alberto?*

Ils n'ont rien perdu personnellement à la révolution qui a changé le gouvernement de la France; ils n'ont rien à espérer d'un événement qui ramènerait l'ancien. Ils pouvaient dire de l'un et de l'autre pouvoir, avant leur arrestation, ce que Tacite disait de quelques-uns des princes dont il a écrit l'histoire : *Nec beneficio nec injuriâ cogniti.* Impossible de leur attribuer même des sentimens qui pussent exciter la moindre défiance.

Supposer que les gens du *Carlo-Alberto* ont voulu mettre en péril le gouvernement établi en France, c'est vraiment une absurdité, une folie.

On ne peut admettre une résolution pareille dans des hommes absolument ignorans de l'esprit et du langage des partis, vivant habituellement d'une industrie paisible, retenus par les liens de la famille et du besoin, et pour qui la faculté d'exercer leurs travaux de tous les jours est une nécessité impérieuse.

Occupés uniquement des soins d'une navigation qui doit pourvoir à leur existence et à celle de leurs enfans, il est naturel de penser qu'ils devaient ramener tout à cet intérêt dominant, et qu'ils devaient être disposés à repousser tout ce qui pouvait, directement ou indirectement, le compromettre.

Or, on l'avouera, il est difficile d'admettre que des hommes perdus dans les soucis absorbans d'une vie laborieuse, aient jamais pu se laisser aller aux hallucinations d'une politique qu'ils ne comprennent pas.

Mais s'il est impossible de croire qu'il y eût eu chez eux résolution d'agir pour le but qu'on leur prête, il faut convenir qu'il n'est pas moins impossible d'imaginer un concert entre eux et d'autres personnes.

Il suffit, pour s'en convaincre, de rejeter un coup d'œil sur les faits.

Le *Carlo-Alberto* arriva de Gênes à Livourne le 22 du mois d'avril ; ce fut dans la journée du 23 que les premières propositions d'affrétement furent faites, au nom du duc d'Almazan, à M. Serra, courtier-commanditaire du navire ; et le 24, dans la matinée, le contrat fut clos.

Se peut-il que, dans ce court intervalle de temps, on ait eu la faculté de s'entendre sur le plan et tous les accessoires d'une conspiration à laquelle aurait dû se rattacher tant d'intérêts majeurs ?

Et ce qui rend la chose plus invaisemblable, c'est que le traité a eu lieu par un intermédiaire ; que le capitaine et le directeur n'en ont connu le projet que fort tard ; et que les parties ne se sont trouvées, pour ainsi dire, en présence que lorsqu'il s'est agi de signer.

D'ailleurs, comment supposer que des conspirateurs, quelque novices qu'ils pussent être, allassent se confier de prime abord à des gens d'une origine étrangère à la leur, qu'ils n'avaient jamais connus jusque là, et dont ils n'avaient pu éprouver le dévouement ? Comment supposer qu'ils se fussent ouverts à eux tout-à-coup, et que ceux-ci tout-à-coup eussent répondu par un assentiment à une pareille ouverture ? Des hommes, et surtout des hommes qui conspirent, ne s'abandonnent point ainsi, au hasard, à la foi les uns des autres.

En conséquence, point de résolution d'agir concertée, et moins encore *arrêtée*, ajoutons-nous.

Qui n'a remarqué, après ces grands déplacemens du pouvoir, qui remuent la société jusque dans ses fondemens, le dissentiment et l'antipathie se manifester autour des nouveaux gouvernans par des symptômes infaillibles ? L'opposition groupe entre eux, qu'ils le sachent ou non, ceux qui en partagent le sentiment. Sans former de dessein, ils accueillent chaque jour les insinuations, les bruits qui répondent à leurs penchans; ils les propagent ensuite, ne fût-ce que pour justifier aux yeux des autres la disposition de leur esprit. Ils arrivent bientôt à former, dans l'état, comme une classe distincte dont les membres, même sans se communiquer, reçoivent les mêmes impressions, parlent le même langage, agissent dans le même sens, et offrent ainsi les apparences de l'intelligence et du concert. Qui oserait dire pourtant qu'à ces personnes il ne faut que l'occasion pour devenir conspirateurs? Les hommes, surtout de nos jours, ne hasardent pas si aisément leur sûreté et leur vie, et il n'est personne qui, en regardant de près, ne puisse acquérir bientôt la conviction que tel individu dont les désirs ne sont pas douteux, dont l'inimitié est évidente, n'entrera jamais dans un complot.

S'il en est ainsi même de ceux qui appartiennent à un pays révolutionné, de ceux que la passion des débats politiques anime, de ceux qui sont naturellement les ennemis d'un ordre de choses qu'ils repoussent, à plus forte raison doit-il en être de même de telles personnes qui, par leur nationalité étrangère, l'état borné de leurs connaissances et leur éloignement du foyer des guerres civiles, n'ont aucun de ces motifs d'excitation.

On ne présume point aisément qu'un homme, pour un gain misérable, se fasse, au péril de sa liberté et peut-être de son existence, le champion d'une cause à laquelle il n'appartient pas.

Arrêtés sans savoir pourquoi, les gens du *Carlo-Alberto* n'ont pu présumer le motif de cette violence, que par la nature des questions qui leur ont été adressées dans leurs interrogatoires.

Si l'on croit pouvoir connaître par eux un seul détail de ce qui se rapporte au prétendu voyage de la duchesse de Berry, l'on peut s'épargner la peine de les retenir. Ils le déclarent franchement: il n'est point en leur pouvoir de satisfaire cette attente : non seulement ils ne sont entrés dans aucun projet concernant cette personne auguste, mais encore ils ne l'ont jamais connue, ils ne la connaissent pas encore.

Ils n'ont su quels étaient les passagers qu'ils avaient à bord, à l'exception de Mazzarini dont la position particulière a été expliquée ailleurs, que par leurs passeports; et ils n'étaient tenus de rien savoir davantage.

Ce qu'ils ont fait pendant la durée de la navigation rentre dans les obligations de leur service de marins.

Simples voituriers, dans les voyages qu'ils ont entrepris, ils n'ont jamais recherché le caractère particulier non plus que les opinions individuelles des personnes qui demandaient passage sur leur navire.

Ce sont si peu des hommes de parti, que le 25 février ils ont reçu les réfugiés Bolonais qui se dirigeaient sur Marseille, et qui débarquèrent à Nice par suite des temps contraires. On ne peut voir en eux que des hommes uniquement occupés du soin de vaquer à leur industrie, sans aucune exception des personnes qui s'adressent à eux.

En sorte qu'en admettant, ce qu'ils n'ont jamais cru, que quelques-uns des passagers embarqués dernièrement avec eux, fussent animés d'intentions hostiles contre le gouvernement français, ils ne sauraient, dans aucun cas, en être responsables eux-mêmes.

C'est pour Barcelonne, et non pour aucun point de la France, que leur bâtiment a été nolisé : s'ils ne sont pas allés jusqu'au terme, c'est parce que, d'une part, forcés par le dérangement de leur chaudière de relâcher à Roses; et la crainte d'une longue quarantaine, à laquelle ils ne s'attendaient pas, influant d'autre part sur la détermination des passagers, il a paru avantageux à chacun de rompre le voyage. Au reste, ce n'est pas encore sur un point quelconque de la

France, mais sur Nice, sur un port étranger, qu'ils se sont dirigés même alors.

Si quelques passagers ont voulu quitter le navire, ce n'est que pour échapper à la frayeur que leur occasiona la vue de la tempête, et pour se mettre à l'abri du péril auquel les exposait le dérangement de la chaudière, qu'ils en ont demandé la permission.

Encore le directeur ne l'accorda-t-il qu'après beaucoup de difficultés et sur l'assentiment donné par les passagers restant qu'on régulariserait cet acte, en en faisant la déclaration au port le plus prochain.

Et c'est ce qui fut fait à Roses, comme les pièces trouvées à bord le constatent.

Ce n'est pas la première fois que pareille chose est arrivée.

Rien de plus naturel d'ailleurs que toutes ces circonstances.

Sept passagers se croyaient sur le point de périr. On aperçoit dans ce moment une barque qu'on juge catalane; on la hèle; pour mieux lui faire comprendre d'approcher, au fanal ordinaire qui était attaché au mât on en ajoute un second : elle arrive en effet, et reçoit les plus pressés de se soustraire au péril et à la souffrance.

Le directeur ne s'exposait guère en n'empêchant point ce débarquement. Pouvant invoquer le témoignage du duc d'Almazan, grand d'Espagne, il était assuré d'éviter toute difficulté de la part des autorités sanitaires espagnoles.

L'esprit de réglement n'est en effet partout que de réprimer les actes seuls qui pourraient exposer la santé publique ou faire croire qu'un attentat a été commis contre des personnes.

Or, les passagers dont il s'agit ayant été embarqués dans un lieu non suspect, et des témoins dignes de foi pouvant affirmer qu'on ne s'en était défait d'aucune manière fâcheuse, il n'y avait absolument rien à craindre.

C'est ce qui était arrivé à un bateau à vapeur français venu de Gênes à Livourne avec un passager de moins : il fut mis en quarantaine jusqu'après vérification, et puis il continua sa route sans procès criminel ni autre.

Le directeur avait bien calculé : sa déclaration ne lui attira aucune rigueur de la part du bureau de santé de Roses, seul tribunal compétent ; et depuis, quand, se dirigeant sur Nice, il fut obligé de relâcher à La Ciotat, le bureau de santé de ce port l'admit sans observation à la libre pratique.

Que si on cherchait à incriminer les motifs de leur apparition près des côtes de Provence, l'état fâcheux dans lequel se trouvait leur chaudière ferait évanouir toutes ces calomnies.

Il est constant que les gens du *Carlo-Alberto* n'ont approché de la terre que pour échapper au danger de périr.

Et même dans cet état, ils avaient si peu l'intention de toucher la plage, que le maire de La Ciotat les y engagea long-temps sans qu'on acceptât ses offres. « N'ayant à ma disposition, a-t-il dit lui-même, « aucun moyen pour m'assurer du navire, *je fis de mon mieux* pour « L'ATTIRER dans le port ; *le capitaine y consentit enfin....* » ENFIN ! le mot est remarquable.

Quant aux deux passagers qui prirent terre long-temps après, il n'y avait rien dans ce fait qui dût exciter de la surprise.

Admis à la libre pratique, il était tout simple qu'ils en profitassent ; l'un d'eux, ayant été déjà faire part à l'autorité de son projet de quitter la voie de mer, annonça qu'il allait continuer sa route par terre ; l'autre déclara qu'il allait voir la ville ; et la lettre même du maire de La Ciotat constate *qu'ils débarquèrent au coucher du soleil, devant le poste de la douane, sans qu'aucune observation leur fût faite.*

Visité, dès les premiers momens de sa présentation, par la douane du lieu, bientôt après par les officiers du *Sphinx*, et successivement par toutes les autorités auxquelles il a été conduit sous l'escorte d'une garnison militaire, le *Carlo-Alberto* n'a jamais offert le moindre vestige d'une conspiration.

On a pu se convaincre qu'il y avait moins d'armes qu'il n'y en a ordinairement sur des navires de commerce de cette espèce.

On n'a trouvé d'autres fonds qu'une somme de 20,000 fr. destinée à une spéculation mercantile, et dont le directeur a indiqué aussitôt le propriétaire, lequel les réclame en ce moment. Quant aux écussons fleurdelisés qu'on prétend avoir existé à bord, nous n'en parlerons point : déjà nous avons fait justice ailleurs de cette ridicule supposition.

Du reste, rien, absolument rien de suspect, *et les papiers du bord ont été trouvés parfaitement en règle :* si quelques objets ont été cachés, cela s'explique facilement par la méfiance que dut faire concevoir aux gens du *Carlo-Alberto* l'invasion de leur navire par un détachement du paquebot de l'état *le Sphinx*.

La nature des effets qui avaient été ainsi mis de côté dut provoquer naturellement cette précaution, et leur existence à bord est justifiée suffisamment par le caractère dont a été revêtue la personne à laquelle ils appartiennent.

Ainsi, vainement a-t-on cherché à faire planer des soupçons sur les gens du *Carlo-Alberto*. Toutes les circonstances de leur conduite et de leur navigation s'interprètent d'une manière innocente, quand on les examine d'un œil impartial. Jamais il n'y a eu de conspirateurs sur leur bord ; et quand même il serait possible de croire que parmi les passagers embarqués avec eux, quelques-uns eussent eu des intentions hostiles contre le gouvernement français, on ne saurait, avec quelque ombre de vraisemblance, imputer aux marins d'y avoir donné leur assentiment.

Les prévenus ignorent quelles charges on peut élever contre eux : ils n'ont pas eu connaissance de la procédure dans laquelle ils ont été impliqués; mais ce qu'ils savent bien, c'est que les seuls témoins dont on ait pu entendre les dépositions n'ont été interrogés que dans les fers, dans un état de séquestration arbitraire et après avoir subi une espèce de torture morale. Ce qu'ils savent bien, c'est que des témoins placés ainsi entre la crainte d'être détenus s'ils se taisaient, et l'espérance d'être rendus à la liberté s'ils donnaient des réponses satisfaisantes, ne présentent point à la justice ce caractère d'indépendance propre à rassurer sa religion. Ce qu'ils savent enfin, c'est que ces malheureux, immédiatement après être sortis de prison, ont protesté eux-mêmes contre les traitemens dont ils ont été l'objet, et qu'ils ont donné par là la mesure de la confiance qu'on pouvait accorder aux renseignemens qui leur avaient été arrachés par violence.

Une chose digne d'être signalée, c'est celle-ci : les marins du *Carlo-Alberto* ne peuvent être considérés comme prévenus de complot qu'en qualité de complices des passagers embarqués avec eux; et ces passagers eux-mêmes sont inculpés, à raison d'une complicité prétendue, avec les auteurs d'un attentat qui aurait été commis le 30 avril à Marseille.

Quelle filiation étrange et éloignée! N'est-ce pas là l'application du système que les publicistes et les jurisconsultes ont dénoncé sous le nom de *faits généraux?* système dangereux qui, à l'occasion d'un fait particulier, jette un grand filet sur la société pour en retirer des preuves plus ou moins incertaines; système aveugle à la faveur duquel toutes les passions invétérées des partis sont invoquées et dirigées sur un seul point contre quelques individus; système commode pour la tyrannie, à l'aide duquel on pourrait accuser qui que ce soit de tous les complots imaginables.

L'imputation dirigée contre les prévenus du *Carlo-Alberto* ne saurait être établie, si l'on se tenait dans le cercle des faits qui leur sont personnels, si les témoignages et la discussion se renfermaient dans les charges spéciales dressées contre eux; mais, pour colorer l'inculpation qui leur est faite de quelque apparence de vraisemblance, on s'élance dans une sphère de faits qui leur sont étrangers; on s'efforce de rattacher leurs desseins à un acte qui ne leur appartient pas; et il n'est point d'allégations, quelque vagues qu'elles soient, qu'on n'accueille avec empressement.

La justice ne saurait trop se mettre en garde contre une manière de procéder qui embrasse de la sorte une certaine série d'événemens, et qui tend à comprendre une multitude de personnes, d'actes, de sentimens et même d'opinions qui s'y rallient tant bien que mal, sans qu'on puisse les considérer comme solidaires les uns des autres.

C'est là, si on ne s'en méfie point, un moyen inévitable de substituer les pures considérations aux motifs légaux, les inductions aux preuves; ce serait le symptôme le plus caractéristique de l'envahissement de la justice par la politique, s'il pouvait se manifester dans les actes d'une magistrature française.

Quand la politique, alarmée sur tels ou tels faits, qu'elle lie entre eux parce qu'ils ont coïncidé uniquement, demande à la justice d'y entrer pour y chercher des crimes dont elle soupçonne que les élémens y résident, il est impossible que la justice ne rencontre point sur ses pas des hommes, des actes qui, absolument étrangers au crime qu'elle cherche, ne le sont point cependant aux faits généraux dans lesquels elle les cherche.

« On sait, » dit un publiciste, « la puissance des préoccupations « de l'esprit humain. » (En veut-on un exemple dans cette affaire? qu'on lise le rapport de l'amiral Rosamel. Il avait le *Carlo-Alberto* sous sa main, il pouvait vérifier si la duchesse de Berry y était réellement, et pourtant il se contenta de le croire, *parce que*, dit-il, *son esprit fut sous l'empire du charme.*)

« Quand une idée le possède, cet esprit, *tout s'y rattache, tout en « dépend; le plus faible lien, le rapport le plus éloigné, lui offrent « l'apparence d'un incontestable et rigoureux enchaînement.* Voilà « le pouvoir judiciaire lancé dans un certain ordre de faits qui excitent « sa méfiance; hommes, actions, paroles, tout ce qu'il y apercevra « lui sera suspect; à défaut de faits particuliers, ses soupçons lui « serviront de point de départ, le nom d'un individu lui suffira pour « qu'il dirige vers lui toutes ses pensées.

« *Rencontrer un homme dans la sphère où l'on cherche un crime, « et, parce qu'on l'y rencontre, être tenté de le poursuivre, entre ces « deux faits le passage est court et glissant. Alors la justice n'in- « struit plus sur les* FAITS, *elle instruit contre les* PERSONNES. »

Posant en principe ce qui ne peut être que le résultat d'une discussion sévère, c'est-à-dire qu'il a existé une conspiration au 30 avril dernier, qu'on n'aille donc point fouiller dans ce fait général et se hâter de regarder un homme comme conspirateur, par cela seul qu'à cette époque les regards du pouvoir se sont fixés sur lui de quelque manière.

Et, à cet égard, qu'il nous soit permis d'invoquer une autorité qui ne saurait être suspecte.

En 1821 M. Guizot écrivait les lignes suivantes :

« Pour que la justice soit, il faut qu'elle soit pure, elle ne supporte « aucun alliage, elle s'évanouit tout entière au moindre souffle « étranger....

« Quelle est d'ailleurs l'opinion, quel est le parti qui ne trouve « dans sa propre histoire, et dans son histoire récente, d'invincibles « motifs pour souhaiter ardemment que la justice demeure, qu'elle « demeure hors des débats et des vicissitudes de la politique? *Qui sait*

« *les retours des choses humaines?* Que la justice ne s'engage point à « leur suite; *qu'il y ait sur la terre un asile inviolable à tous les* « *vainqueurs!....*

« Je ne viens point rechercher tous les abus dont l'administration « de la justice peut être entachée aujourd'hui; un seul genre de « crimes et de poursuites m'occupe. *Dès que les partis sont aux prises* « *on entend parler de conspirations et de complots;* nous n'avions pas « besoin qu'une nouvelle expérience nous l'apprît: elle ne devait « pas nous être épargnée, elle est complète en ce moment....

« Dans l'enceinte des tribunaux, *rien ne doit entrer que la loi* et « les *faits prévus par la loi.* C'est le lieu de l'impassibilité et de la « règle; la porte en est interdite à toutes les passions; toutes les « formes, toutes les prescriptions légales se proposent de les en « bannir.... Quel spectacle en effet nous offrent les tribunaux? Un « homme seul, en présence du pouvoir qui l'accuse et de la justice « qui l'entend; un homme qui, devant lui, autour de lui, ne voit « que des étrangers, des adversaires, des supérieurs; un homme dont « la condition est si faible que, si la moindre brèche est faite à son « droit, tout moyen de défense lui échappe, toute force lui est ravie. « Et ce n'est point d'un intérêt général plus ou moins éloigné, où il « n'ait qu'une part plus ou moins bornée et douteuse, c'est de lui- « même qu'il s'agit; c'est sa liberté, c'est sa vie qu'on discute; on va « décider non pas s'il a tort ou raison, mais s'il rentrera ou non chez « lui.

« *Ainsi donc, si le ministère public, à propos d'un homme et d'un* « *fait, établit l'existence d'une faction et l'y enveloppe;* s'il déclame « contre les malveillans, leurs desseins, leurs projets; *s'il déroule à* « *l'appui d'une accusation spéciale toutes les considérations générales* « *qu'on peut apporter en faveur d'une mesure de gouvernement; s'il* « *invoque enfin la politique tout entière en demandant une applica-*

« *tion individuelle de la justice légale....* c'est le renversement de la « justice même; c'est l'introduction des orages de la tribune dans le « sanctuaire de la loi....

« *Qu'ont à faire avec les prévenus d'actes spéciaux, les attentats* « *des factions, leurs doctrines, leurs desseins, les périls de l'état?* « *Tout cela est vrai*, dites-vous, *il y a un lien entre toutes ces choses.* « Vous vous trompez; *rien n'est vrai ici que ce que vous pouvez qua-* « *lifier et prouver selon la loi; il n'y a point de lien ici admissible que* « *le lien positif établi par la loi même entre ses définitions et les faits.* « Vous oubliez qui vous êtes, et ce que vous venez faire; laissez la « politique aux mains chargées de la conduire; C'EST LA JUSTICE SEULE « QUI VOUS ENVOIE; elle a réglé d'avance votre mission, et votre mis- « sion doit aussi régler votre langage. » (M. Guizot, 1821; avec cette épigraphe : « Ne dites point *conjuration* toutes les fois que ce peuple « dit *conjuration.* » Isaïe, chap. 8, vers. 12.)

Ces principes sont gravés dans le cœur des magistrats français : les leur rappeler c'est donner en quelque sorte une voix aux sentimens intimes qui règnent dans leur conscience.

C'est donc avec une confiance entière que les gens du *Carlo-Alberto* s'abandonnent à leur amour du bien, et qu'ils leur dénoncent les abus d'autorité dont ils ont été les victimes.

Tous les droits à la fois ont été violés dans leurs personnes.

VIOLATION DU PAVILLON, en venant les saisir sur un navire appartenant à une nation amie.

VIOLATION DU RESPECT DU AU MALHEUR, en les arrêtant à l'occasion d'un sinistre qui avait compromis leur existence, et *pendant qu'on feignait de leur donner du secours.*

VIOLATION DU PRINCIPE DE LA PROPRIÉTÉ, en les spoliant de la possession de leur navire, en s'emparant des fonds qui s'y trouvaient, en mettant les scellés partout, sans avoir découvert le moindre objet qui ait pu servir de prétexte pour agir de la sorte.

VIOLATION DE LA LIBERTÉ INDIVIDUELLE, en détournant des personnes paisibles de la route qu'elles suivaient, en les transportant d'un lieu à un autre, suivant le caprice de ceux qui les avaient saisies, en les jetant dans des prisons militaires ou dans des maisons d'arrêt, sans leur en faire connaître les motifs.

VIOLATION enfin DES FORMES PROTECTRICES DE LA JUSTICE, en détenant quelques-uns de ces malheureux sans leur avoir fait signifier préalablement un mandat légal, et en les tenant ainsi au secret pendant des semaines entières.

Il est temps que toutes ces illégalités soient flétries, et c'est aux magistrats de la Cour d'Aix que cet honneur est réservé.

Marchant sur les traces de ce noble tribunal de cassation qui sauva les naufragés de Calais de la fureur du directoire, et qui récemment encore vient de sauver des citoyens français de la juridiction prévôtale des commissions militaires, ils étoufferont dans leur cœur toute autre voix que celle de la justice.

Ils ne craindront point de désarmer l'arbitraire. « La haine de l'ar-« bitraire, » dit Benjamin Constant, « n'est l'opposition à aucun gou-« vernement ; car l'arbitraire lui-même n'est qu'une absence de « gouvernement : *tout pouvoir arbitraire est une anarchie*. »

Consultés par un pouvoir ombrageux, ils refuseront de voir une conspiration là où il n'est possible d'apercevoir qu'un accident maritime.

Ils ne voudront point se faire juges de gens qui, par leur position, n'appartenaient pas à la juridiction ni à la souveraineté de la France.

Et s'ils avaient à prononcer sur leur sort, ils diraient aussitôt, comme les généreux rapporteurs de l'affaire des émigrés naufragés à Calais : « Que les prévenus soient innocens, tant mieux ; mais nous

« n'avons pas à nous en occuper, nous n'avons à considérer que l'ac« cident fatal qui les a poussés sur les côtes de Provence. Cet acci« dent une fois constaté, toute procédure était interdite. Un acte « d'hospitalité était nécessaire, et non un acte de puissance. »

Justice!

Tel est le cri qu'adressent à la Cour les prévenus; ils osent espérer que ce cri sera enfin entendu.

Messieurs,

Les gens du *Carlo-Alberto* n'ont reculé devant aucune explication; ils ont démontré qu'il n'existait contre eux aucun indice du délit qui leur est imputé; et ils se flattent que ce qu'ils ont dit à cet égard est sans réplique.

Mais ils doivent sur ce point faire une observation importante.

Tout ce qu'ils ont dit pour établir ce chef de discussion n'a eu pour but que de former la conviction de l'homme : car pour le juge la question n'est pas là.

Sardes de nation, naviguant sous le pavillon d'une puissance amie de la France, investis du caractère sacré qui s'attache au malheur, les prévenus n'étaient, ils ne sont point justiciables.

Etrangers à la souveraineté française, ils doivent demeurer étrangers à sa juridiction : l'empire des lois positives qui régissent ce pays ne peut les atteindre sur le territoire étranger où ils ont été saisis, et où, indépendamment de leur pavillon, ils devaient être protégés par leur mauvaise fortune.

Leur défense est toute dans ces deux mots : *ils ne sauraient être mis en jugement.*

En conséquence, ils concluent formellement à ce qu'il plaise à la Cour se déclarer incompétente pour prononcer la mise en accusation demandée contre les gens du *Carlo-Alberto,* et ordonner qu'ils seront mis de suite en liberté, pour qu'ils puissent arriver au terme du voyage qu'ils avaient entrepris.

Faisant, au surplus, toutes réserves pour tous les droits et actions qu'ils peuvent avoir à exercer.

Marseille, *ce* 21 *juillet* 1832.

Georges ZAHARA.
A. D. De FERRARI.
François BRÉLAZ.
Gio: Ba RATTO.
Jh. MAZZARINI.

BUREL, *avocat.*

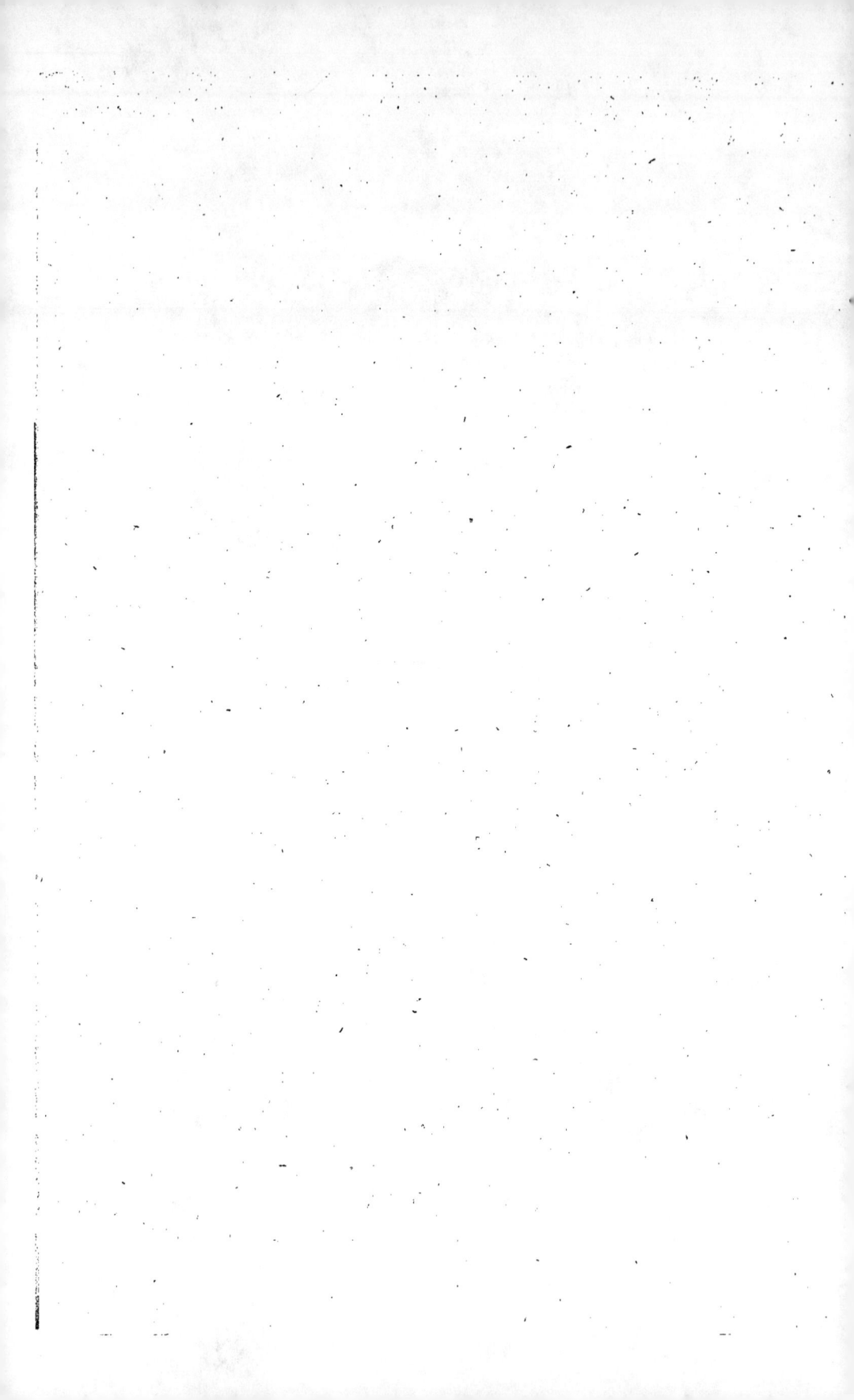

www.ingramcontent.com/pod-product-compliance
Lightning Source LLC
Chambersburg PA
CBHW050528210326
41520CB00012B/2487
* 9 7 8 2 0 1 1 2 9 2 9 0 2 *